改变语气，
孩子开始自主学习

助力孩子学习的 55 种父母语言习惯

［韩］郑才英　　［韩］李西镇◎著

雷秋萍◎绘　　金银花◎译

北京科学技术出版社

著作权合同登记号　图字：01-2023-0727

图书在版编目（CIP）数据

改变语气，孩子开始自主学习 /（韩）郑才英，（韩）
李西镇著；雷秋萍绘；金银花译 . -- 北京：北京科学
技术出版社，2023.4
　　ISBN 978-7-5714-2668-2

　　Ⅰ.①改… Ⅱ.①郑…②李…③雷…④金… Ⅲ.
①家庭教育 Ⅳ.① G78

中国版本图书馆 CIP 数据核字（2022）第 216409 号

策划编辑：花明姣
责任编辑：潘海坤
责任校对：贾　荣
责任印制：吕　越
设计制作：博越创想
出 版 人：曾庆宇
出版发行：北京科学技术出版社
社　　址：北京西直门南大街 16 号
邮政编码：100035
电话传真：0086-10-66135495（总编室）　　0086-10-66113227（发行部）
网　　址：www.bkydw.cn
印　　刷：北京宝隆世纪印刷有限公司
开　　本：880 mm×1230 mm　1/32
印　　张：9.125
字　　数：201 千字
版　　次：2023 年 4 月第 1 版
印　　次：2023 年 4 月第 1 次印刷
ISBN 978-7-5714-2668-2

定　　价：68.00 元

作者序[1]

父母的哪些语言习惯能够帮助孩子提高成绩、提升幸福感呢？

为人父母，怎么说才能让孩子自发性学习？说什么才能让孩子既幸福快乐又学业有成？

想必，很多父母都非常想知道上述问题的答案，我们也不例外。早在二十年前，孩子牙牙学语的时候，我们便踏上寻找这些答案的道路。虽然获得的育儿经验数不胜数，但它们大都模棱两可，不知其所以然。那时，多么希望有人能为我们指点迷津啊，告诉我们具体应该使用哪些词汇、用什么样的表达方式，才能把话说进孩子的心坎里。

带着这个迫切的愿望，我们开始了认真的学习和深入的思考，

---

[1] 译者注：全书叙述人称有"我""我们""我们夫妻"，其中"我"是指其中一人。

并不断更新完善育儿之路上的心得体会。我们整理了资料，最终创作了这本书。或许它的内容不甚完满，但我们期待书中的想法能帮助到您——和我们一样，为子女每日学习成绩和幸福问题劳心费力的父母。

扪心自问，我们并非模范父母，直到孩子考上大学后，我们才觉察到在言行上曾给孩子带来了诸多伤害。特别是陪伴孩子备战高考的那几年，我们能感受到孩子在心里筑起了一道高墙，我们和孩子之间似乎隔着无法逾越的鸿沟。想到这些，我的内心不禁涌起一股歉意和随之而来的无尽的后悔。有些父母肯定会有这样的疑问："即使孩子在学习懈怠的情况下，父母也要继续包容他们吗？难道我们不应该冒着亲子间可能会产生矛盾的风险去说服孩子用功读书吗？毕竟高考对一个普通家庭的孩子来说，是人生的转折点，对孩子一生的发展起着不可忽视的作用。"

对此，我们深表赞同。但是，即使能回到过去，我们依然不会纵容孩子荒废学业，还是会千方百计地激发孩子的学习动机、培养他的责任感和坚持努力学习的勇气。唯一不同的是，我们会采用比之前更成熟的方法。这里，我们总结出了两条基本准则，可供大家学习参考。

首先，说服孩子我们需要正确而具体的措辞。一些模糊老旧的话语会缺乏说服力，而且孩子也不愿意耐心倾听。进行亲子沟通时，父母应该选用恰当的词汇和正确的表达方式。这样才能提高孩子的反省认知（元认知）能力、自控力、目标意识和专注力等，让孩子变得更加优秀。

其次，说服孩子的语气必须是亲切而温和的。父母需要将心比心，用孩子的眼光看待问题。要保护孩子年少敏感的心灵，尽量避免恶语中伤他们。因为自我肯定、自我尊重等健康的心理表现是孩子成绩取得高分的重要因素。

本书的主要内容是我们夫妻根据二十余年的教育经验创作而成的，初衷就是和读者朋友们分享能够激发孩子学习热情与潜能的有效且充满关爱的父母语言习惯。此外，我们在书中加入了一些过去我们没能及时了解到的，以及虽然了解却没能联系实际、付诸实践的理论。我们尽量以旁观者的立场来写本书，避免文字被个人经历所束缚。为了不当井底之蛙，我们向外"眺望"，广泛了解了国内外许多著名教育学家的观点与建议。我们还会在书中分享一些在韩国高考、国考、司法考试等重大考试里取得傲人成绩的佼佼者的经验之谈。希望能给父母们呈现更丰富、更客观的教育理念。

每个孩子都是独一无二的，同样，他们的人生也仅有一次，是珍贵无比的。我们衷心地希望本书能够帮助莘莘学子找到学习的乐趣、塑造幸福的人生。

目录

鼓励孩子主动站在学习的起跑线上

作为父母，我们身上似乎充满了双面性：为了能使孩子更好地对抗现代社会的压力，我们会时常告诫他们着眼于远大目标；我们也会在孩子踌躇是否开始学习时，提醒他们专注当下，不必过分在意学业道路的漫长。一旦孩子领悟到"只关心今日事"的生活方式，就不会再迟迟不敢开始学习了。

引导孩子迈出学习的第一步

"我们先读 5 页，怎么样？"

即使在书桌前做好了准备工作，很多孩子也无法立刻学习。我常听其他父母谈论说，这是因为孩子需要学习的内容实在太多了。繁重的作业让他们感到压抑，心生畏怯，所以迟迟不敢开始。

父母不妨建议孩子先着手完成眼前的课业，无视整体过多的学习任务。这和攀爬楼梯一样。站在成百上千级台阶前，我们需要引导孩子不被台阶之多所迷惑，把注意力集中在脚下这十几级上。此时，大家可以用如下话术：

> "我们先从最简单的开始做起吧。"
>
> "我们先读 5 页，怎么样？"
>
> "不要担心什么时候才能爬到第 100 级台阶，先想好怎么爬上第 10 级再说。"

学习就像攀登阶梯，任何人都是一步一步爬上去的，不管是小学一年级还是高中三年级的学生，都是如此。学生想要学有所成，做好眼前的功课就足够了。如果孩子在家经常获得我们的鼓励，那么其畏难情绪被缓解的同时，也会产生"快点学习吧"的乐观心态。

作为父母，我们身上似乎充满了双面性：为了能使孩子更好地对抗现代社会的压力，我们会时常告诫他们着眼于远大目标；但是在孩子迟迟不敢迈出学习的第一步时，父母又要告诉孩子立足当下就好，因为学习之路漫漫无尽头，如果过分在意路途的遥远，反而会令人望而却步。一旦孩子领悟到"只关心今日事"的生活方式，就不会再迟迟不敢开始学习了。

除了好高骛远的想法外，还有一种错误的想法同样会阻碍孩子尝试学习，那就是开始学习之前必须做好充足准备。试想，要是比赛已经开始了，选手却还在原地做热身运动，多么令人哭笑不得啊！我忽然想起美国第二十六任总统西奥多·罗斯福的一句名言：

"在你所处的位置，用尽你所有的资源，做你力所能及的事。"

是的，作为学生，没必要非要等到万事俱备才开始学习。也不要让"万事俱备"成为孩子没有信心、不肯行动的托词。尽人事听天命，大家只需在所处的位置，竭尽所有资源，立即开始做我们力所能及的事情就可以了。孩子毕业后告诉我，这是一种非常正确的、提高效率节约时间的做法。

还有很多学生自认"为时已晚"，于是放弃尝试学习。可是现实中，起步晚的学生大有人在。有临近高三才开始发奋图强的，也有考前 3 天突然想要"临时抱佛脚"的。在这些情况下，父母更应该告诉孩子不要在意结果，只需注重努力的过程。此时，我们可以这样鼓励他们：

> "别因为担心分数而浪费剩下的 3 天时间，那样得不偿失。"
> "谁也无法预测结果，你只要做好今天的功课就行了。"
> "别考虑以后的事情，努力专注于眼前要做的事情就好。"
> "没有太晚的开始，只有不努力的现在。"

当然，在某种程度上，焦虑情绪也会影响孩子的学习状态。这是人之常情，越晚开始学习，越会感到心虚。只有将心中的焦虑不安全部清除，孩子才能静下心来认真学习。何况越是起步晚，越应该着眼于眼前。父母就更应该灌输给孩子"专注于当下"的想法，这样孩子才能轻松迈出学习的第一步。

即使孩子在上小学，我们也要培养他们及时调整心态和正确看待结果的能力，这对于提高成绩大有裨益。

虽然只有期待明天的结果，人才会甘愿付出今天的努力，但倘若内心胜负欲太强，过于担心结果，反而会过犹不及，浪费精力虚度今日。孩子也好，成人也罢，面对未来的结果，既要高度重视，又要放平心态；面对目标，既要全力以赴，又要从容不迫。就像一位立志夺得赛季最有价值球员的棒球选手，只有抛开一切杂念，心无旁骛，把全部注意力集中在对手的每个动作，才可能取得胜利。同理，专注于学习当下的孩子，才能如鱼得水地掌控"自己的内心"。

帮助孩子提升反省认知能力

"怎样学习效果好？"

请试想一下，要成为合格的父母，我们必须才智过人吗？提出这一问题是因为，为人父母若是想要培养出更优秀的子女，必须熟知许多非常重要但晦涩的概念，而"反省认知（Metacognition）"就是其中之一。理解这个复杂的概念后，父母可以有效帮助孩子提高成绩。

反省认知 = 对自己的想法进行反省和思考

反省认知，即"对自己的想法进行反省和思考"，虽然听起来比较拗口，但实际上，反省认知能力就是我们习以为常、见怪不怪的反思能力。我们每天都在进行反省认知，请看下面的例子。

1）面对陌生人，我想不出什么好点子来。

2）听柔和的音乐，我的注意力会提高。

3）饱食后，我就什么都不愿意去想。

上述例子描述的是在日常生活中"我"的思考特点和习惯。我们每个人在日常生活中都能这样认识自己，像这样对自己的想法进行认知和理解的过程，就叫"反省认知"。

在生活中，拥有反省认知能力非常重要。如果能够认识到"我一紧张就健忘"的事实，那么就可以通过放松练习，让这种情况得到改善；如果能够认识到"我经常以貌取人"的事实，那么就有了摆脱偏见的机会。

一个人只有通过反省认知，才能发展并完善自己的想法，从而提高思考能力和认知水平。因为反省认知的过程，就是对自己的想法进行思考、检验、评估、调整，让思考能力获得质变成长的过程。

而反省认知能力与学习能力密不可分，请读者看下列与学习有关的反省认知实例。

1）我最不擅长把握文章的主题。

2）英语语法当中，我最熟悉虚拟语气那部分知识。

3）一到数学课，我就觉得数学题太难了，很容易分心。

上述例子总结了有关"我"在学习方面的强项和弱项，这是针对"我的想法"进行的思考，即反省认知的表达。

而学习方面的反省认知能力为何如此重要呢？很多专家认为，培养学生的反省认知能力，可以帮助他们洞悉自己目前的学习能力和水平，从而逐一查漏补缺、克服困难，最终让成绩不负众望。

父母可以帮助子女提升学习方面的反省认知能力，其中我认为最有效的方法是多提问题。那么，可以提升反省认知能力的问题又有哪些呢？

在此，我力荐美国耶鲁大学推荐的提问内容。该系列问题内容来源于"耶鲁大学普尔沃中心（Yale Poorvu Center）"，即一个向在校师生传授有效学习方法的组织。这些问题可以分为两大类，一类是针对学习内容的；另一类是针对学习方法的。[①]

例如，我们可以在孩子刚下课后，询问有关学习内容方面的问题。具体可以这样说：

"今天你在课堂上新学到了什么呢？"

"本来你就知道的是什么呢？"

"你觉得最难的部分是什么呢？"

"你觉得理解起来比较容易的是什么呢？"

"你还需要学习的是什么呢？"

上述问题不需要全部提问，择一二提问即可。我们主要把握提问的两个关键点。

第一，让孩子思考通过课堂学到了什么，即对自己的想法进行思考，这也是一种反省认知训练。

---

① poorvucenter.yale.edu "Encouraging Metacognition in the Classroom"

父母应该协助子女提升学习方面的反省认知能力。让孩子学会自问自答，其效果立竿见影。

第二，同时也是训练的最终目标，就是让孩子对自己提问。孩子如果能根据学习内容自问自答，那就是最理想的状态了。当孩子能够自行判断"学到的内容当中，哪些知识点容易理解，哪些内容不太好理解"，那么他自然会不断完善自己，成绩也会逐渐提高。

对于低学龄儿童，父母同样可以提出类似的问题。例如，当孩子读完一本书时，我们可以这样问：

> "看完这本书，你知道了什么啊？"
>
> "这本书最难理解的是什么呀？"
>
> "读这本书的时候，你的心情发生了什么变化呢？"
>
> "你是说，读这本书让你变得开心了吗？"

需要注意的是，父母应该规避"这本书有意思吗？"这类答案只有"有"或"没有"的单纯封闭式问题，转而提出更多开放性问题，比如询问孩子读书时心境经历了哪些变化、产生了哪些想法。那么，他们自然会留心自己的思考，也就是进行反省认知。

以上是可以提升孩子反省认知能力的第一类问题，重点围绕学习内容发问。下面是耶鲁大学推荐的第二类问题（根据实际情况稍有变动），侧重于学习方法。我们可以这样说：

> "你的学习方法当中，哪个效率最高呀？"
>
> "怎么做才能让你的注意力更加集中呢？"

"在什么情况下，你只是在浪费时间呢？"

"这么难的题目你怎么答对的呀？可以解释一下吗？"

"你觉得应该用什么样的复习方法才能进步呢？"

"你觉得怎么做才能背得滚瓜烂熟呢？"

上述问题在于剖析学习方法和学习习惯的利弊好坏。如果孩子能够意识到"这样做可以事半功倍，那样做会事倍功半"，那么他的学习成绩自然会提高。若孩子只是盲目学习，从来不自省学习方法及学习习惯的话，他的学习效率难免低下。

作为过来人，我希望读者可以参考上述内容多进行亲子提问，那么孩子对学习内容和方法的思考能力也会相应逐渐得到强化。需要注意的是，我们不能让孩子感觉到有压力或被干涉，更不能要求他们立即回答。因为即使孩子没有开口回答问题，他们肯定也会独自思考并做出相应的判断。因此，请大家千万不要急于求成，要以从容的态度对孩子循循善诱。

帮助孩子自行制订计划

"应该先做什么呢？"

专家普遍认为，孩子的学习能力和反省认知能力呈正相关。由上节讨论可得，反省认知是"对自己的想法进行反省和思考"。例如，"我在想什么？""我知道什么？"或"我不知道什么？"，等等。况且我们已知，在众多提高反省认知能力的方法当中，最有效的是提问。

假设考试日期临近，以考试日期为基准，学生可以将时间分为考前计划、考试复习和考后总结三个阶段，每个阶段都有适合提出的问题。

下面我将主要引据英国剑桥大学国际考评部（Cambridge Assessment International Education）网站上的相关资料，[1] 向大家逐一介绍（见表1）。

---

[1] cambridge-community.org.uk "Getting started with Metacognition"

表 1 考试期间提高反省认知能力的语言习惯

阶段	提高反省认知能力的语言习惯
考前计划阶段	我应该最先做什么？ 这次目标是取得第几名？
考试复习阶段	考试准备得如何？ 有什么方法可以让我考得更好？ 我应该向谁求助？
考后总结阶段	这次考试考得不错，原因有哪些呢？ 有什么方法可以让我做得更好？ 下次考试也这样做就可以了吗？

如果孩子能够自己回答上述八个问题，那么表示他具有较强的反省认知能力。通过自问自答，孩子可以理清脑海中的想法，寻找需要改善的部分。这个过程就像是一位农夫仔细播下种子、细心灌溉施肥、定期拔除杂草，最后硕果累累一样。

如果孩子尚且没有能力进行自问自答，那么父母可以给予一定的帮助。不妨先问问孩子："准备考试时，应该最先做什么啊？"他们会开始审视自己的情况，制订相应的计划，确定复习的优先顺序。父母可以顺势再问"目标是取得第几名呢？"，帮助孩子确立具有现实性的目标。

在孩子准备考试时，父母可以问"如果想复习这方面的学习内容，应该向谁求助？"等类似的问题。孩子可能会回答，可以问老师或者向某某同学求助等。通过这样的一问一答，孩子就会慢慢明白，在学习上遇到困难时该如何获得帮助了。

在考试结束后，父母可以问"这次考试考得不错，你觉得考得好的原因有哪些呢？"孩子可能会回答"上课集中注意力听讲"或者"哪个学习方法对他有帮助"，等等。这能够帮助孩子牢记良好的学习方法和学习习惯。

这些问题一开始可以由父母向孩子提问，慢慢再鼓励孩子自问自答。

训练孩子的语言能力

"谁在哪里把什么怎么样了？"

成功的人生依赖优秀的语言能力。我们拥有和谐的人际关系是因为我们能够正确地表达自己的意图或情感。可以说，语言能力越强，职业生涯越顺，因为在社会上，大部分工作都需要语言表述。对于孩子，他们的语言能力与学习能力的强弱也是呈正相关的。

如何才能提高孩子的语言能力呢？最好的方法当然是读书。书中包含的大量词汇和表达方式、有趣的故事情节和内容，可以让孩子快速吸收丰富的语言要素。我们可以和孩子一起大声朗读，来增强阅读的趣味性和语言的学习效果。除此之外，父母经常带孩子去图书馆也是上策，这一点有研究证据支持。

在日常的亲子沟通中，一些同义词和反义词的反复使用也能潜移默化地增加孩子的词汇量。例如，"聪明"一词，有聪慧、伶俐、机智、智慧等同义词，同时有愚笨、笨拙等反义词。将这些同义词与反义词捆绑在一起掌握，不仅可以增加孩子的词汇量，还能提高他的语言表达能力。

此外，教孩子掌握抽象词汇也至关重要。虽然语言学习的首要任务是掌握具体事物的名称，但是等孩子稍大一些后，我们应该有意识地教他们那些看不见摸不着的抽象事物的词汇，如友谊、意义、信念、信任、自豪感、自爱、正义等，带领他培育心灵的力量。

最后，也是最重要的，就是父母和孩子应该多进行亲子沟通。来自美国麻省理工学院和哈佛大学的脑科学家于 2019 年通过共同研究表明，[①] 仅仅对儿童讲话是远远不够的。成人和儿童应该进行"相互交流"，即你一句我一句，多进行这样的对话，儿童的语言能力即表达能力、词汇能力、语法学习能力才会逐步提高。

主导上述研究的麻省理工学院瑞秋·罗密欧博士还表示，与儿童的对话可分为三个阶段。

第一阶段的对象是还不会说话的婴儿。在这个年龄段，父母和孩子只需互相发出笑声和有趣的声音就可以进行对话。

第二阶段的对象是蹒跚学步的幼儿。孩子说一个词语，我们重复其所说，也算一种亲子对话的方式。当孩子说了一句不完整的句子时，父母可以帮助孩子把句子补充完整。

第三阶段的对象是能说会道的孩子。此阶段，我们要和孩子多进行问答式的交流，培养他们的思考能力。

研究学者尤其推荐父母多进行"谁在哪里把什么怎么样了？"

---

① *Beyond the 30-Million-Word Gap: Children's Conversational Exposure Is Associated With Language-Related Brain Function*

这样的对话。当然，在此基础上添加"为什么"会更好。例如：

> "谁怎么样了？"
>
> "在哪里把什么怎么样了？"
>
> "谁在哪里为什么会那么做？"

孩子在尝试回答这些问题的过程中，自然会获得超越自身的高层次思考能力，并养成这样的思考习惯，语言表现力也会急速提升。可见，父母的提问对孩子的成长发展有着很大的影响。

培养孩子自主学习的习惯

"你打算什么时候学习呢？"

被父母督促学习似乎是很多小学生的宿命。孩童时期的我，也常会被父母耳提面命着"快点写作业！"

成为母亲后，面对孩子同样只顾着玩耍而将作业置之不理的场景，在生气之余，我也能理解孩子被迫坐到书桌前的不情愿。要知道，人在被动状态下极易失去热情。这种情况下，他很难开始集中注意力写作业，因为学习的热情始终没有被唤起。

接下来，和很多父母一样，我们夫妻也会对孩子再次施压并恐吓道："8 点之前写不完作业，小心挨训！"通常这一方法效果立竿见影。

但是，如果父母一直逼迫孩子学习，从长远来看，他们的学习之路会举步维艰。因为一上初中，孩子就很难继续服从父母的压迫了，同时由于小学缺乏自主学习的经验，到了初中，孩子往往学得更不主动。等他们成为高中生，类似情况肯定会更加糟糕。

因此，我们要早日督促孩子养成自主学习的好习惯。那么父母怎么做才算引导孩子自主学习呢？我和大部分父母一样，都为此苦恼不已。翻阅资料，我查找到美国著名教育专家丽莎·林尼·奥尔森在接受一家媒体采访时曾这样说：

> "我建议父母向孩子提出问题，例如，'你打算什么时候写作业呢？'"

父母应该让孩子自主支配学习时间。当孩子意识到自己才是学习的主人，开始享受自主性、行使主导权时，他们自然就具备了享受学习、快乐学习的心态。我们还可以这么说：

> "想好什么时候开始复习后告诉我。"
> "告诉我你打算学几个小时，我不会干涉的。"
> "你自己决定，看电视打算看到几点？"

当孩子被外界赋予自主决定权后，相匹配的责任感会使他们开始主动去规划自己的学习。以下的赞美之词，我认为会带来一石三鸟的效果：

> "你很善于自主管理时间。"
> "你能做到规划学习时间并严格遵守，真的是太棒了，你会成功的。"
> "你自己决定学习时间，进行自主学习，那是你的自由。"

这样充满积极力量的话语不仅可以触动孩子的内心、培养孩子的自主性，还可以让孩子发奋努力。因此，我们在日常对话中，可以适当添加"自由""成功"等具有肯定意义的词语，那么孩子也会随之做出积极的响应。

综上所述，父母的语言习惯可以影响孩子的人生。

看到这里，我想出个小测试考考大家：假设孩子无心学习只顾贪玩，那么你应该说以下两句话当中的哪一句呢？

1）"你在做什么？快去学习！"
2）"你决定什么时候开始学习呢？"

很多父母肯定想选第一句，即大声呵斥孩子赶快去学习。但是通过上文的学习，我们明白一定要沉下心来选择第二句，因为这才是正确的、长期有效的选择。

赋予孩子独立自主的权利

"由你来选择！"

美国罗切斯特大学理查德·瑞安教授曾说过："人类天生有三大心理需求。"[1] 首先，人类希望拥有一种与他人有联系的感觉；其次，人类希望感到自己有能力；最后，人类想成为具有自主权的个体。简而言之，就是关联感、胜任力、自主权。

如果父母逼迫孩子努力学习，孩子的这三种基本心理需求就会被抑制。例如"你学习那么差，不配当我的儿子""学习成绩差，同学们就不会喜欢你"这样的话语会伤害孩子的关联感；"你是傻子吗？""你怎么这么懒？"这样的话语会让孩子的胜任力受挫；"你每天学习五个小时，我来计时间，按照我的要求去做"这样的话语会伤害孩子的自主权。

干涉孩子的学习过程会影响孩子的自主权。相反，尊重孩子、

---

[1] *The Sunday Times 2012/4/1 Should you reward your child for A grades?*

赋予孩子选择权，可以培养孩子的自主性，进而提高孩子的学习能力。

荷兰格罗宁根大学医学中心的格尔达·克鲁瓦塞特教授的话给我们留下了深刻的印象。她在 2011 年发表的论文中列举了不应该对孩子说的话：[1]

> "这个一定要学会。"
>
> "这是你的义务。"
>
> "想要成功，就必须要学这个。"
>
> "你做这个，我就给你买礼物。"

以上是强迫孩子非做不可、利用诱饵引诱孩子的战略性话语。这会影响孩子的自主性，让孩子成为被动的个体。长此以往，孩子最终无法进行自主学习。父母可以提出建议，然后尊重孩子、赋予孩子选择权。克鲁瓦塞特教授推荐了以下表达方式可供参考：

> "你当然可以选择。"
>
> "学这个有好处。"
>
> "弄懂这个的话，你就可以轻松理解其他内容了。"

纸上谈兵容易，可现实中大家却很难遵循这些正确的建议。如

---

[1] *Twelve tips to stimulate intrinsic motivation in students*

果孩子不抓紧学习，考试成绩就会很快下降。为了让孩子行使自主权，要拿宝贵的学生生涯作为代价，不免让父母担忧。因此，很多父母不敢给孩子充分的时间去培养自主性，不得不选择"强迫性语言"。

我们也曾在威逼利诱孩子学习的过程中，对孩子说过很多伤害他自主权的话语。意识到这点后，我们尝试用正能量的语言来弥补对孩子的伤害。下面是我们摸索出来的可以最大限度地避免伤害孩子自主权的话术：

> "每个人都有义务，每个人都有要做的事情。爸爸妈妈挣钱抚养你，这不是炫耀，这只是义务。你也有你的义务，那是什么呢？你来定一下。希望你自己定下你的义务后，认认真真地去履行，做数学题也好，读书也好，你想做什么都由你来选择。"
>
> "你是自己人生的主人，不管做什么，你都有选择的权利，但是你没有权利浪费自己的人生。做什么都可以，只希望你不要浪费时间，当你发现自己非常懒惰时，一定要狠狠地训斥自己一顿，你能做到吗？"

当然，我们赋予孩子自主权的前提，是要他们能够证明自己可以努力完成某件事情。虽然孩子的自主权需要父母的尊重，但这并不意味着虚度光阴的行为是被允许的。我们要告诫孩子，没有规划和奋斗的生活毫无意义。如果大家可以敞开心扉与孩子耐心交流，那么肯定能得到一个很好的结果。

促使孩子立刻开始学习的
父母语言习惯

"我们先从最简单的开始做起吧。"

"在目前这个情况下，做你能做的事情吧。"

"别担心分数，别因为担心而浪费剩下的时间。"

"谁也无法预测结果，你只要做好今天的功课就行了。"

"今天你在课堂上新学到了什么呢？"

"你的学习方法当中，哪种效率最高？"

"怎么做才能让你的注意力更加集中呢？"

"你打算什么时候开始写作业呢？想好了告诉我。"

"想好什么时候开始学习了吗？"

"你自己决定学习时间，进行自主学习，那是你的自由。"

向孩子说明为什么要学习

教育专家一致认为，在外部动机驱动下才肯学习的孩子很难取得学业上的成就。孩子小的时候，奖励会对学习起到一定的效果，但是随着年龄的增长，外部动机就会逐渐失去影响力，没有哪个孩子会因为想买玩具而学习微积分。越是到了高年级，孩子学习的内部动机就应该越强。"我学习是为了我个人的成长和自我满足"，心中始终有这样想法的孩子，才能像舰艇一样，在茫茫学海中乘风破浪、扬帆远航。

同时赋予适当的内部动机和外部动机

"不要为了得到表扬而学习，那样很快就会心力交瘁。"

想象一下这样的场景：经过不懈努力，孩子的学习成绩有了显著提高，这时候父母喜上眉梢，给了孩子零用钱、玩具或者衣服作为奖励。可你知道吗？作为奖励的金钱和礼物可能会成为支撑孩子学习的不良动机。

人的动机分为内部动机和外部动机。如果能在学习者的内心找出学习的理由，那就是学习的内部动机。例如，一个孩子为了获得自豪感、满足感、成就感而学习，那么他就是遵从内部动机而学习的，这是非常理想的状态。换句话说，这个孩子具有内驱力。具有内部学习动机的孩子会这样说：

> "我对零花钱和礼物不感兴趣，纯粹是因为喜欢才学习的。"
> "我学习是为了让我的潜力终有一日能爆发出来。"
> "我觉得学习其实挺有意思的。"

相反，如果学习的理由仅存在于外部，那就是学习的外部动机。外部动机包括父母的表扬、金钱、礼物、成功，以及孩子不想遭到责备谩骂的心理。如果一个学生为了金钱或表扬等这些外部奖励而学习，那么他就是遵从外部动机而学习的。具有外部学习动机的孩子会这样说：

"我学习是为了得到爸爸妈妈的表扬。"

"我得努力学习，如果成绩不好，就会被训斥。"

"成绩一提高，父母就会给我加零花钱，所以我得全力以赴。"

"我这次也一定要拿第一，因为我喜欢被同学们羡慕。"

教育专家一致认为，在外部动机驱动下才肯学习的孩子很难取得学业上的成就。孩子小的时候，奖励会对学习起到一定的效果，但是随着年龄的增长，外部动机就会逐渐失去影响力，没有哪个孩子会因为想买玩具而学习微积分。越是到了高年级，孩子学习的内部动机就应该越强。"我学习是为了我个人的成长和自我满足"，心中始终有这样想法的孩子，才能像舰艇一样，在茫茫学海中乘风破浪、扬帆远航。

上述内容是教育心理学界公认的真理。然而，现实与理想存在着一定的差距，大部分学习好的孩子其实也拥有一定的外部动机。

《学习之神的一千个秘密》的作者姜成泰对 300 名被称为"学习之神"的大学生进行了问卷调查，问他们"你为什么学习？"

调查结果概括如下：第一，为了实现梦想（18.6%）；第二，不想输给别人（16.6%）；第三，为了得到周围人的关注和认可（7.8%）；第四，想通过学习实现个人发展（6.4%）。

在调查结果中，排在第一位的"实现梦想"，通常意味着拥有可以带来高收入的职业，因此它更接近于外部动机；排在第二、第三位的回答很明显也属于外部动机。

父母也喜欢运用外部动机来引导孩子。试想，面对迟迟不肯开始学习的孩子，父母应该如何说呢？如果说"为了实现自己心中的梦想，你必须学习"固然很理想，但是实际见效却很慢；相反，如果说"如果成绩提高的话，就给你买礼物"，效果则立竿见影。现实生活中，大多数父母当然会更倾向于选择后一种表达方式。

外部动机并非百害而无一利，很多时候它的存在是非常有必要的，因为外部动机往往能引出内部动机。假设原本孩子对数学毫无兴趣，但因为父母会给零花钱的承诺，开始认认真真做数学功课。在外部动机的促使下，他也许会对数学产生兴趣，甚至建立起自信心。这种情况下，"零花钱战略"效果绝佳，外部动机就起到了抛砖引玉的作用。

另外，我其实也不太赞同一些父母这样说："如果成绩提高的话，同学们会羡慕你的。"因为这句话中还隐藏着"如果成绩下降的话，同学们会无视你的"这一含义。然而，现实中我们不可能完全无视周围人的眼光，虽然沦为他人评价的奴隶不太可取，但是为了得到周围人的认可而学习何尝不是合乎情理的事情。

综上所述，父母在激励孩子学习的时候应该同时赋予适当的内部动机和外部动机。举例来说，父母在告诉孩子成就感可以让人感到幸福的同时，也需要给孩子一些物质或者精神奖励，让孩子自然而然地明白，努力学习不仅能收获成长的喜悦，还能收获他人羡慕的眼光。接下来介绍一下具体的方法。

首先，父母要明确告诉孩子，外部动机并非是有益的。我们的孩子上初一的那年，第一次考试取得了相当不错的成绩，我们夫妻俩特别高兴，想给他一份丰厚的奖励。然而最后我们还是选择了克制，只给了他1万韩元零花钱（约等于50元人民币），并对他说：

"其实，用金钱来奖励你是不对的，因为这样做，可能会让你为了钱而学习。你要为了获得成就感、为了实现梦想而学习才对。如果把学习的目标设定为获得金钱或赞美之词，那么时间一久，你学习的热情肯定会大大减退。尽管如此，爸爸妈妈还是想奖励零花钱给你，因为你认真学习了，我们很感谢你，为你感到自豪！"

像这样，我们在奖励孩子零花钱的同时还强调了内部动机（成就感、梦想）的重要性。不难发现，虽然我们所说的话和做出的行为是矛盾的，这等于向孩子坦白了我们违背了信念，但在某种程度上也避免了孩子只为获得零花钱而学习的消极情况。

其次，抽象的精神奖励比重越大越好。相对于金钱或礼物等物质奖励，精神上的奖励可以大幅减少物质奖励的副作用，更有助于引导孩子获得内部动机。比如说，精神奖励可以是给孩子一定的自由，父母可以允许孩子在好朋友家通宵玩耍，或者允许孩子打一整天游戏。

精神奖励也可以是一种权利。比如父母可以让孩子当一天的

"小皇帝"，外出就餐时给他菜单选择权，在家看电视时给他电视频道决定权，等等。

奖励孩子一天的"唠叨自由日"，也不失为一个好选择。这一天，父母绝不干涉孩子的生活，不能像平时一样对孩子喋喋不休。对孩子来说，这一天他就像身处天上乐园一样怡然自得，得到了精神上的满足。

让孩子与家人一起分享奖励也是很好的方法。心理学家理查德·瑞安教授在接受媒体采访时说过的话，①给我留下了深刻的印象。如果孩子取得了好成绩，他会对孩子这么说：

"哇！你真了不起，我们一起去吃好吃的！好好庆祝一番！"

外出用餐时，父母只需要肯定孩子付出的努力并真心祝贺他就可以了。面对全家人在一起的幸福，孩子会感到很有满足感和成就感，从而更有动力去学习。

总而言之，父母一定要尽可能多地给孩子注入内部动机，引导孩子热爱并享受学习本身，让孩子铭记"通过学习可以完善自我"。

父母亦凡人。我们应该权衡轻重，同时赋予孩子适当的内部动机与外部动机。在必要的情况下，大家不妨适当呈现世俗的一面，使用合适的话术，利用零花钱、玩具、赞美等外部动机来帮助孩子成长和学习。

---

① *The Sunday Times 2012, Should you reward your child for A grades?*

称赞孩子努力的过程

"你是努力型天才！"

我们不能说"成绩提高的话就给你买礼物"，而应该说"努力学习的话就给你加零花钱"。父母不要对学习结果进行奖励，应该重视孩子付出努力的过程。

原则上，物质奖励无法起到提高成绩的作用，这一点父母心知肚明，很多学者也通过研究证明了这一事实。美国哈佛大学经济学教授罗兰·弗莱尔曾进行过一项大规模实验。在实验中，教授对1 800名学生提供金钱奖励，并追踪分析了这些学生的成绩变化趋势，得出的结论是，金钱奖励并不能提高学生的学习成绩。在实验初期，所有学生为了获得金钱奖励都在"努力学习"。但是过了一段时间，他们逐渐松懈，重新回归到懒散的学习状态。可见，物质奖励并不能成为真正提高学习成绩的诱因。

那么，我们应该完全放弃用零花钱来鼓励孩子吗？答案是否定的。看看罗兰·弗莱尔教授怎么说吧。他曾在一次接受美国媒体采访

时，提出了一个让人出乎意料的建议：①

> "与其根据成绩高低设定奖励多少，不如当孩子一看书时就奖赏他们。想用金钱奖励提高孩子学习成绩的话，后者肯定更有效。"

也就是说，父母不要直接对成绩提高的这一结果实施奖励，而是要对有可能提高成绩的行为实施奖励。我们可以设定如下奖励条件：

> "如果你认真看书，就给你零花钱。"
> "如果把你读过的 10 本书的内容给我讲述一遍，就给你买玩具。"
> "给我讲讲今天学过的内容当中最有意思的部分吧。"
> "如果这个月你能一次不落地完成作业，下个月就多给你零花钱。"

然而，根据我的经验，这个方法不太适用于高年级学生。高年级学生的父母应该对那些能够直接提高成绩的行为进行赞赏：

> "在学校或补习班上课时，如果你能集中注意力听讲的话，就给你特别的奖励。"

---

① *Time 2010/4/8 Should Kids Be Bribed to Do Well in School?*

"上学时把手机留在家里，如果你能坚持一个星期，我就给你加零花钱。"

"如果你一天能背下三十个英语单词，不管成绩如何，下个月就给你买礼物。"

第一名永远只有一名。孩子无法控制成绩排名的结果，但是他们可以掌控自己的学习过程。比如，看书、认真听讲、背英语单词等行为，他们可以充分凭借意志力坚持下去。为了更好的效果，我们可以根据孩子的年龄和性格，把奖励标准设定在他们可控的学习范围内。除了物质上的奖励，适当的言语称赞也很有必要。对孩子来说，表扬的重要性并不亚于物质奖励。同理，我们的"称赞"也要有讲究。我们要对孩子付出努力的过程进行赞美。先看看反面例子：

"哇！100分！真厉害，你果然很聪明。不，你简直是个天才！"

我们总会下意识地抛出"聪明""聪慧"等词汇。然而，心理学家认为用这些词来称赞孩子的"天赋"是极其不明智的。因为，孩子听见这样的称赞后就会过分相信自己的天赋，不肯继续付出努力，等到经历一两次的失败后，就会大受打击。"我很聪明，我是天才，为什么会失败呢？"他们会感到困惑，甚至萎靡不振。因此，称赞孩子努力付出的过程才是明智的。比如我们可以这么说：

"哇！100分！真厉害，你真是一个努力型天才。"

"分数提高了不少啊，看来你这次付出了很多努力。"

"成绩提高了这么多，你肯定是咬紧牙关努力学习了！"

"抛开成绩，爸爸妈妈知道你付出了很多努力，你真的很棒！"

当父母侧重称赞"努力"的可贵时，孩子就会领悟到努力的价值，从而坚信通过努力可以提高成绩、获得进步，知道自己为什么要努力，即有了学习动机这一源动力。假设孩子是一辆车，那么源源不断的学习动机便是一台发动机，有发动机的车就可以不畏坎坷、勇往直前。

让孩子了解时间的复利效应

"刻苦学习三年等于积蓄三年存款!"

我们的孩子上小学六年级的时候，曾有一次哭丧着脸问我们："为什么一定要学习呢? 学习好辛苦。"当时，我们夫妻无言以对，含糊其辞，没能给出明确的答案。想必不仅仅是孩子，很多父母在孩提时期也曾有过这样的疑问吧?

其实，说明学习理由的方法有数百种。在此，我想讲讲如何将学习和未来联系在一起，向孩子阐明学习的理由。

学习是一件辛苦的事情，唯有坚信苦尽甘来，才能忍受学习的辛苦。对此，我们夫妻费尽心思，想让孩子相信时间的复利，着重说明了今天付出努力，未来肯定会得到相应的回报。我们在一篇文章中发现了一句话，[①] 可以很好地向孩子解释为什么我们今天要努力学习:

---

① *Intrinsic Motivation to Learn: The Nexus between Psychological Health and Academic Success*

"写作业就像在农田里播种一样，日后肯定会获得大丰收的。"

这是美国普渡大学教育心理学教授约翰·马克·弗罗兰说过的一句话。他把写作业比喻为播种，告诉学生为什么每天要辛辛苦苦地写作业。多一份耕耘，多一份收获，绝妙的比喻牵动人心。于是，我们也决定用比喻的方法向孩子说明学习的意义：

"学习就像学骑自行车，一开始学的时候，谁都会摔倒，可是只要认真练习，早晚都能学会，然后你就可以享受自由骑行的快乐。同样的道理，我相信总有一天你也会体验到学习的快乐的。"

"你现在就好比是在爬楼梯，一步一个台阶地慢慢往上爬，成绩也会呈阶梯式上升。总有一天你可以到达最顶层，迎接属于自己的阳光。"

"你终将变成一只美丽的蝴蝶，只是这需要一点时间，刚开始由一颗小虫卵长成一条毛毛虫，然后变成一只蛹，最后艰难破茧，化为一只耀眼的蝴蝶。这一过程相当漫长艰难，不可能一夕间就实现。再努力一点，再忍耐一点，你一定可以的。"

"樱花、玉兰、迎春花，都好漂亮，是不是？但是这些花一年只盛开一次，再次开花还需要等待一年的时间。我们人也一样，需要经过长时间的努力，才能取得耀眼的成就，迎来开花结果。所以，我相信如果你坚持不放弃的话，肯定会收获自己想要的结果的。"

以上是我们为了引导孩子将学习与美好未来联系起来，绞尽脑汁想出来的例子。把学习比喻成骑自行车或者爬楼梯，孩子自然会领悟到学习的意义；把孩子比喻成蝴蝶或者花朵，他便会明白为什么自己现在要承受学习之苦。

如果你的孩子在读高中，那么父母可以试着通过描述未来职业的美好或成功来赋予孩子学习的动机。有时候你可能会想不出来合适的职业，可以选择用孩子能直观了解的"金钱"来进行比喻，告诉孩子高中三年的学习跟积蓄三年存款差不多，期待满满。

> "高中三年的学习跟积蓄三年的存款差不多。三年后，你可以将积蓄的存款取出来并自由支配。虽然现在你还不知道这笔钱要花在什么地方，但三年后，你也许想周游世界，也许想买一辆车。关键是，现在要多攒点钱，如果现在不攒钱，三年后你可能什么都做不了。因此，现在唯一的目标就是积蓄存款，越多越好，也就是说，你现在只需要埋头学习，越努力越好。"

相比父母的话，近几年经历过高考的人提出的建议会更加有说服力。YouTube 账号"DOCTOR FRIENDS"的运营者（三位医生，分别是耳鼻喉科、精神科、内科的医生）曾拍摄并上传了一段标题为"不想学习的人请看此短片"的视频。他们在短片中讲述了有关学习动机的内容，令我印象深刻。总结看法如下：

我们夫妻费尽心思想让孩子相信时间的复利，着重说明了今天付出努力，未来肯定会得到相应的回报。

"有的学生执着于寻找学习的理由，没有找到的话甚至会自暴自弃，无心学习。但是作为初中生和高中生的你们，无论从认知视野还是人生经验来看，你们都很难真正领悟到学习的意义。所以不妨设想一下，假设你想成为一名优秀的医生，现在正在为了这个梦想储备所需要的资源。但是如果未来的你没有足够多的资源，那么你就不得不放弃梦想。因此，孩子们！就当现在是在储备未来所需的资源，去努力奋斗吧！"

　　2016 年韩国高考满分考生高娜英同学也说过类似的话："即使目前没有明确的目标，也要埋头学习。"只有这样，等以后有了目标的时候，才不会后悔当初没有好好学习。

将孩子的优点与梦想相联系

"你逻辑缜密，一定能成为一名科学家！"

社会上的摸爬滚打让父母意识到职业和金钱的重要性。很多父母天天催促孩子学习，也是因为担忧孩子未来的职业和收入，平日和孩子的对话中也会暴露这种心思，希望能通过未来职业来激发孩子的学习动机：

　　"你只有努力学习才能赚更多的钱。"

　　"你只有好好学习才能找到好工作，过上富足的生活。"

这些话虽然正确却不具有时效性。我们注意到，和小孩子谈钱很多时候就像对牛弹琴，因为对他们来说，一点点零花钱就能让他们心满意足了，很难切实感受到拥有巨额金钱的必要性。

如果父母想通过未来职业来激发孩子的学习动机，我将介绍一种表达方式，就是要尽量说贴近孩子心灵的话：

> "只有找到了好工作，你才能给你喜欢的人买很多好吃的。"
>
> "学习成绩优异才有机会赚更多的钱，给自己的孩子买更多漂亮的衣服。"
>
> "赚了钱，你才能去英国现场观看足球比赛。"

然而这些话术换汤不换药，终究会引起孩子的反感。而且现在就提到恋人或子女的概念为时过早，孩子会感到有负担、不知所措。

通过未来职业来激发孩子的学习动机，还有另一种表达方式。我们夫妻也曾试过几次，那就是强调学生时代的珍贵与重要性：

> "现在付出努力，以后会得到 20 倍的回报。"

假设通过高中三年的刻苦学习取得好成绩，那么余生六十年都会过得很舒适。六十年是三年的 20 倍，相当于今天辛苦学习一个小时，以后就可以舒舒服服地过上二十个小时。把付出与回报换算成具体数值后，会显得更有说服力。

如果孩子还是无动于衷，很多父母就会对孩子施压或者恐吓孩子了：

> "这个世界很冷酷，如果学习不好，别人会把你当成笨蛋，甚至还会歧视你。"

我们夫妻虽然明知不能这样，但是气得火冒三丈的时候也忍不住会撂下这样的狠话。其实，这样的说法并不成立。即使一个人的学习成绩不太理想，进入社会后也有机会成为百万富翁，得到他人的尊重，拥有幸福的生活。而且这样的语言明显夹带威胁，说出这句话基本就是在恐吓孩子了。虽然孩子可能会因此乖乖学习，但这也会让他们陷入恐惧之中，非常不建议父母对孩子说这样的话。

上面介绍的激发孩子学习动机的话语，虽然可能有缺点，但是很多时候确实能起到激励孩子的作用，我们在必要时可以尝试着这样激励孩子。然而，将未来的职业简简单单地当作赚钱的手段来看待是不对的，很多孩子也无法理解并接受赚钱和学习之间的关联性。

所以，父母不妨在生活中尝试把孩子现在的优点与职业规划联系起来，明确告诉孩子他的优点和职业特点之间有何关联性，从而激发孩子的学习动机。我们曾经尝试过，结果孩子的反应还不错。父母可以这么说：

　　"你语感非常好，很适合当作家或法官。"

　　"你的观察力很强，感觉你会成为一名出色的检察官，或者一名诊断疾病的医生。"

　　"宝贝女儿，你解答数学题的思路可真好，这说明你的逻辑思维能力很强，感觉你会成为一名优秀的学者。"

听了上述话语，孩子会对自己的语感、观察力、解数学题的能力等充满自信，会想到自己的优点可以成为未来职业竞争力的一部分，进而对学习充满动力！

鼓励懈怠的孩子

"这件事你倒是做得挺好的！"

每次看到孩子把作业拖到半夜才写、考试前又不及时复习，我总是心痛不已。不知大家是否也会为孩子不认真学习感到郁闷呢？其实，认为孩子懒惰是父母对孩子最大的误解。

很多父母都认为，是惰性拖累了孩子的学业。对此，美国康奈尔大学心理学教授肯尼思·巴里什曾一针见血地指出：[①]

> "对孩子的众多误解当中，最常见、最负面的想法就是认为孩子懒惰。"

让孩子不爱学习的原因并非孩子懒惰，而是孩子害怕失败。比

[①]　www.mom-psych.com The Motivation Equation: Understanding a Child's Lack of Effort

如孩子明明认真复习了数学，但考试时数学成绩还是一塌糊涂。这种挫折会让孩子失去勇气，感到焦虑不安、犹豫不决，不敢再次挑战自我。但是这在父母眼中往往是懒惰的表现。

无论是成人还是孩子，都想做好自己擅长且喜欢的事情，这是人之常情。一个能歌善舞的人，在众人面前表演时会感到成就感满满且无比开心。就算是面对讨厌的工作，只要擅长，也可以轻松愉悦地完成。相反，面对自己不擅长且复杂棘手的事情时，人们总是会拖拖拉拉，不愿付出努力。

世上没有懒惰的孩子，只有受挫的孩子。当父母理解了这一事实，也就能够真正理解激发学习动机的决定性因素了。肯尼思·巴里什教授认为，影响激发动机的决定性因素有以下两个：

激发动机 = 设定目标 + 实现目标的自信

如果只有"我要考上 A 大学！"这样的喊口号式的目标，会显得苍白无力，但如果孩子多一份"只要努力学习，我肯定能考上 A 大学！"的坚定信心，定能成功激发学习动机，从此静下心来埋头学习，不再偷懒。

那么，父母如何培养孩子的自信心呢？下面我从肯尼思·巴里什教授所提出的建议中挑选了两个适合大多数家庭的建议，来重点介绍一下。

想要树立孩子的自信心，第一步要找到孩子受挫的原因。挫折感通常隐藏在负面想法之中。如果孩子顶嘴说"学数学有什么用？"，那么不难推测孩子曾在数学科目上感受过强烈的挫败感，以至于产生了放弃的想法。如果孩子说不喜欢学校、补习班、老师或同学，也是同理。通过观察和交流，成功找出孩子受挫的原因后，我们要想办法安抚孩子的情绪：

> "宝贝女儿，你因为这个很痛苦吧？妈妈才知道，对不起，妈妈没能早些感受到你的情绪。"

孩子受挫的原因通常就是导致孩子懒惰的原因。当我们将导致孩子懒惰的因素消除后，他们很快就可以重振旗鼓。

树立孩子自信心的第二步是集中称赞孩子的优点。父母只需对孩子这样说：

> "宝贝女儿，这件事你做得挺好的。"
>
> "虽然你的数学不好，但是你还有其他擅长的，特别是你的语感很棒啊！"
>
> "你觉得物理化学很难吗？但是你喜欢研究社会学，这也是一个了不起的爱好啊！"

世上没有毫无优点的孩子，只有无视孩子优点的父母。孩子不可能每个学科都不擅长，请找出孩子相对擅长的科目，并给予他由衷而热情的赞美。

来看看茱莉亚音乐学院小提琴教母陶乐丝·迪蕾是如何称赞孩

子的吧。课堂上，她会长时间倾听学生演奏的曲目，发现孩子擅长演奏的部分并连连称赞："这段演奏得非常好！"这样的称赞，会让学生拥有自信去克服困难，进而迪蕾老师会鼓励道："既然你可以演奏好这段曲目，那么其他部分也同样能顺利完成。"

试想下，当孩子明白"原来努力去做就可以做好"，心中就会产生希望，他会相信"只要努力，其他科目或许也能学好"。父母最先称赞的那门科目会像第一个倒下的多米诺骨牌一样，把其他"困难科目"依次推倒。

综上所述，孩子之所以懒惰是因为经历过挫折，没有勇气再次向困难发起挑战。如果父母想要激发孩子的学习动机，那么核心就是建立孩子的自信心。父母需要做的是找到孩子受挫的原因，并进行安慰，称赞他独有的优点，那么情况就会大为好转。重获自信的孩子很快就会脱离"懒惰状态"，乘风破浪勇往直前，朝着梦想阔步前行。

激发孩子学习动机的
父母语言习惯

"哇！100分！真厉害，你真是一个努力型天才。"

"如果一天能背下三十个英语单词，不管成绩如何，下个月就给你特别奖励。"

"其实，用金钱来奖励你是不对的，因为这样做，可能会让你为了钱而学习。"

"爸爸妈妈知道你付出了很多努力，你真的很棒！"

"写作业就像在农田里播种一样，日后肯定会获得大丰收的。"

"学习跟积蓄存款差不多。虽然目前还不知道钱要花在什么地方，但是如果现在不攒钱，以后你可能什么都做不了。"

"你正在储备未来所需的资源，因为如果那个时候你没有足够多的资源，就不得不放弃自己的梦想。"

"你的观察力很强，感觉你会成为一名优秀的检察官。"

"宝贝女儿，这件事你做得挺好的。"

3 语言习惯

为孩子打造强大的成长引擎

成长型心态是自信心的源泉。具备成长型心态的孩子会认为"只要努力就能有所改变"。而具备固定型心态的孩子则会困顿于"无论做出何等努力都于事无补"，自信心也会受挫。固定型心态会抹杀孩子的自信心。孩子经常取得一些小的成功，则会增强自信心，比如完成了当天的学习目标，就等于取得了一次小小的成功。这种小小的成功体验越多，越能增强孩子的自信心，越能促使他获得更大的成功。

培养孩子的成长型心态

"现在还不知道呢！"

"心态（Mindset）"这一概念是学习方法类教育书籍里的"常客"。美国斯坦福大学心理学家卡罗尔·德韦克曾提出，人的心态有两种，一种是固定型心态，一种是成长型心态。

拥有固定型心态的人认为，人的智力和才能是与生俱来、固定不变的。当面对困难或失败时，他们会认为是因为自己不具备某种天赋，甚至会认为自己是一个失败者。为了避免这种痛苦，他们往往会选择逃避风险和挑战，遇到困难时会轻言放弃。

相反，拥有成长型心态的人认为，人的能力可以通过努力来提升。他们认为没有必要立刻擅长某件事情，挑战和失败也是不可多得的学习机会，做一些不擅长的事情反而可以帮助他们提升自己。

很明显，拥有成长型心态的人更趋向于付出努力，因此取得发展进步的可能性更大。心态的不同，人的语言表达习惯也会大相径庭，一起来看看二者的区别（见表2）。

表 2　固定型心态和成长型心态的语言习惯

固定型心态的语言习惯	成长型心态的语言习惯
已经太晚了，一切都结束了。	我相信，应该还有补救的机会。
英语我再怎么学，也学不好。	我的英语科目的分数很低，可是肯定有提高分数的方法的。
我就算再试一次，也还是会失败。	失败乃成功之母。即使我失败好几次，实力还是会慢慢提高的。
这是我的极限了。	谁也不知道我拥有什么样的潜力。
他是天才，天生聪明。	世上没有天生的天才。他能拿第一，是因为他认真学习了。
因为我聪明，所以成绩才提高了。	因为我努力了，所以成绩才提高了。
这道题我怎么也想不明白。	这道题有点难，不过向老师寻求帮助，我就肯定能明白。

通过上面的语言习惯可以了解到，拥有成长型心态的孩子总是越挫越勇，面对困难也不会轻易言败。因为，他们知道一时的失败起不到任何决定性作用，不会因此一蹶不振，自然在学业上会有所收获。

其实，在现实生活中，无论是孩子，还是成年人，培养成长型心态并非只是狭义地为了学习。我们只有对自己有所期待，才能保持积极向上、乐观豁达的生活态度，然后不断进步，成为更好的自己。

卡罗尔·德韦克教授在TED演讲中分享了一个研究，[①] 研究团队让年仅10岁的孩子们解答一道很难的题，根据孩子在解题过程中的反应，把他们分为两类：一类孩子表示题目很难，但是尝试解题的过程非常愉快。即使这次失败了，他们也坚信总有一天能解出这道题。可见，这一类孩子拥有成长型心态。另一类孩子则因未能顺利解题而深受挫折，很明显这是固定型心态在作祟。他们怀疑自身能力是有限的，并没有意识到难题是可解的，只需他们通过不断的努力去提高解题能力。

卡罗尔·德韦克教授还表示，在日常生活中，拥有固定型心态的孩子一般会表现出以下三种不良行为：第一，作弊行为，即违反规则的行为。他们认为再怎么认真复习，成绩也很难提升，不如考试作弊来提高成绩。第二，轻视行为。他们会试图通过鄙视同伴来获得优越感，不知不觉中养成轻视特定同学的行为习惯。第三，逃避行为。遇到困难时，他们会心生畏惧，不敢直面困难、克服难关，因而选择逃避。

相反，拥有成长型心态的孩子积极上进、落落大方、自尊感强、不畏艰难挑战，面对生活永远充满正能量。那么，我们如何引导孩子培养成长型心态呢？我们可以经常这样鼓励孩子：

"人是可以改变的，努力可以带来积极的变化，通过努

---

① The power of yet(ted.com), https://www.ted.com/talks/carol_dweck_the_power_of_believing_that_you_can_improve?language=en

力，你也可以变得更加优秀。"

"这种类型的题多做几次试试，那么你肯定能理解的。"

"就像升级打怪的电子游戏一样，人的能力值也会不断升级呀。"

另外，提出成长型心态这一概念的卡罗尔·德韦克教授在演讲中还强调，"还不，还没有"这类表达也能鼓励到孩子。我们可以这样说：

"虽然你这次考试考得不太理想，但是我们可以期待下一次呀。"

"谁说你考不上好大学？胜负还未揭晓。"

"谁说你的人生失败了？不可理喻，一切都还没结束，以后机会还多着呢。"

"这辈子完蛋了？不，你的人生才刚刚开始呢。"

当听到父母说"现在还不知道""现在还不一定""现在还不确定"时，孩子自然会心生期许，他们会明白脚下的路还没有走完，只要明确目标，依旧可以继续朝着梦想勇往直前。

帮助经历失败的孩子重燃斗志

"一点一点改变就好了。"

如果孩子认真复习了整整一个月，可数学成绩还是考得不理想，甚至下滑了，那么在如此令人伤心的情况下，孩子会有什么样的反应呢？此时孩子大致会有两种反应：放弃或者再次挑战。[①]

决定放弃的孩子往往在取得低分后会想"果然我怎么学都不行"，认为自己无论怎么努力都徒劳无功。这恰恰表现了我们熟知的固定型心态。

而再次挑战的孩子在数学考试失利后，会想到"我要寻找更好的学习方法"。因为他们相信只要找到正确的方法，付出努力，就能有好的结果，这是成长型心态。

只有具备成长型心态，孩子才能提高学习成绩，才能战胜人生的挑战。那么，我们的孩子如何才能具备成长型心态呢？概括起来就

---

① news.virginia.edu 2018/11 "Growing Your Intelligence: Professor Shares the Power of Growth Mindset" 。

是"一点一点改变就好了"。请大家牢记美国弗吉尼亚大学教育心理学教授斯蒂芬妮·沃明顿的这句话：

> "要记住，我们不需要立刻改变一切，从微小的变化开始，一点一点地改变就好了。"

急于实现翻天覆地式的巨大改变，反而会阻碍孩子的成长和发展。我认为，成长型心态的核心在于，我们坚信小小的改变会带来大大的变化。

成长型心态对学生来说尤为重要，和其他父母一样，我们也迫切渴望帮助孩子培养成长型心态。"你可以尝试改变自我，让自己成长"，一开始，这样鼓励孩子也不错，但是不如提出卓有成效的、更具体的建议。比如父母可以这样对孩子说：

> "别忘了，没有必要一下子改变一切，一个小小的改变就足够了。"
>
> "下次你想考试提高 30 分？不，先提高 10 分就可以了。"
>
> "别着急，进步一点点已经很不容易了。"

除学习外，"相信自己会逐渐有所变化"的心态还可以帮助孩子塑造新的性格。一些孩子认为自己的性格有缺陷，想在短期内修正改变。但可想而知，粗心大意的孩子不可能一夜变得沉着稳重，害羞的孩子也不可能立即变得活泼开朗。我认为，"短期内能够迅速改变性格"这一想法不仅是荒谬的，而且是有害的。孩子很容易因为折腾了好几天，最后发现毫无改变而变得容易放弃。因此，我们身为父母有必要正确地引导孩子：

> "你想一下子就改善自己的性格？那是不可能的！言行举止方面我们一点一点地改变就好了。"

另外，承认自身不足是拥有成长型心态的必要条件。孩子越是在意并且想掩盖自身的不足，越会像怀揣着一颗不定时炸弹一样提心吊胆。在这种情况下，与其让孩子忐忑不安，我们不如加以引导，帮助孩子坦然承认"虽然我有缺点，但是没关系"。下面一起看一下不同心态的人对于缺点的不同语言习惯（见表3）。

表3　固定型心态和成长型心态对于缺点的不同语言习惯

固定型心态的语言习惯	成长型心态的语言习惯
我个子矮。 不知道我为什么是这副德行。	我承认，我个子矮，但是总有一天会长高吧。 即使个子长不高，我还可以培养个人实力。
我性子急。 我真的很讨厌我自己。	我性子急，但有时候这也能成为我的优点。 我不拖延，所以这也挺好的。
我记忆力很差，感觉好丢人。	我记忆力差，不擅长背诵，这是事实。但是没关系，多背几遍就行了。

很多孩子害怕自己的缺点和弱点会伴随一生，他们需要正视缺点的勇气。我们可以这样对孩子说：

> "你虽然有缺点，但是只要一点一点地改正，肯定会越来越好的。"
>
> "成绩落后是事实，但是，如果你想短期内迅速提高成绩，就很容易感到力不从心。所以，一步一个脚印地慢慢提高就可以了。"

听了父母的这些话，孩子一定会感到轻松自在。不积跬步，无以至千里；不积小流，无以成江海。相信小变化具有大意义的孩子才会拥有健康的成长型心态。

让孩子每天都能体验到小小的成就感

"制订计划才能让意志变强大。"

每个父母都希望孩子拥有坚强的意志力。坚强的意志力可以引领孩子轻松地跑完高考这场马拉松。即使中途会跌倒，他们也会重新站起来继续出发。

那么，怎样做才能增强孩子的意志力呢？首先，我们要保证孩子好好吃饭。好好吃饭是一个人拥有意志力的必要条件。大脑需要从葡萄糖中获取能量，而人在集中精力时，葡萄糖会被加速消耗。当身体里的葡萄糖不足时，大脑会产生"饥饿感"，我们就无法继续发挥意志力了。所以，孩子只有好好吃饭，意志力才会增强，学习成绩才能提高。

不过，高年级的学生因为学业压力而没时间吃饭是常有的事。在我周围，为了减肥而不好好吃饭的孩子也并不少见。如果孩子因为不好好吃饭而意志力薄弱，父母要立刻提醒他们：

"不要再减肥了！人是铁饭是钢，好好吃饭，学习的意志力才会增强。"

"如果饿着肚子，意志力就会减弱。体力下降了，成绩也会下降的。"

吃饱吃好以后，我们就可以开始制订计划了。制订计划不仅能让人意志力变强，还能帮助提升目标完成率。就像面对一本一千多页的书，任谁都会心生畏惧，担心什么时候才能读完。但是每天读 50 页，那么 20 天就能读完了，这么想心情是不是也会轻松很多呢？有了计划，读完这本书就不会显得遥遥无期了，不仅恐惧感会消失，还会生出一股一定要读完这本书的意志力。

孩子的意志力薄弱常常是因为没有计划。假设孩子能够依次制订期末考试学习计划、一年学习计划、三年高考学习计划等各阶段的计划，那么就可以明确各阶段的学习目标和复习内容，孩子的学习斗志也会熊熊燃起。我们可以尝试这样劝导孩子：

"试试制订学习计划吧。你会产生强烈的自信心，意志力也会增强。"

"如果不制订计划，你就可能会变成胆小鬼，越来越害怕学习。"

有了计划，孩子才能专心致志，朝着目标坚定向前，即使遇到了小挫折，也不会轻易动摇。

不仅如此，制订学习计划还可以让孩子获得成就感和自省的机会。首先，孩子完成小计划后会感到有所收获，会为自己感到自豪，这就是成就感。这种成就感比多做一道数学题更有助于孩子的成绩提高。准备高考就如同参加一场马拉松比赛，先不论时间长短，整个过程就很容易让孩子感到迷茫，产生自我怀疑，不确定自己能不能做到。而制订计划可以有效打消孩子的这些顾虑，每周完成了哪些计划一目了然，孩子能频繁感受到成就感带来的喜悦，自然就能获得坚持下去的勇气和力量。其次，孩子可以在制订计划后，根据计划表反省这一天过得是否充实。还可以自我分析什么是最优的学习方法，在什么场所、在哪个时间段学习效率比较高等问题。学习计划就像一面镜子，能够让孩子审视自身的学习情况以及学习习惯。

来看看博主"医大学生金贤洙"的经历，他也十分强调计划的重要性。金贤洙原本是全校倒数第一名，但最后成功逆袭考上了医科大学。他表示，在自己准备高考的过程中从未经历低谷期，虽然偶尔有意志消沉的时候，但是从来没有像陷入泥潭一样完全失去过学习的勇气，这主要归功于他定期制订学习计划的习惯。

不难理解，在制订计划后，孩子只要完成计划中的明确任务就可以了，避免了无所事事、不知所措、自我怀疑的混乱消极的状态。学习计划会让孩子重拾希望，深信今天只要完成这些学习任务就等于实现了目标。我们需要做的是向孩子描绘出制订计划后有多幸福：

"今天按时完成计划了？真了不起，爸爸妈妈为你感到高兴。"

> "听说制订计划后，高三生活会很幸福，因为每天都能感受到令人愉悦的成就感。"

美国著名教育心理学家约翰·凯勒强调，制订计划对于学生树立自信非常重要。并且他列举了几个提升自信的方法，我们夫妻在此基础上，结合自己经验，归纳了"树立自信的四大要素"：

1）目标要明确，而且目标必须力所能及。
2）过程要细分，需要制订阶段性的小计划。
3）要具备成长型心态，坚信只要努力就能成长。
4）要有取得小成功的经验，成功的记忆可以唤醒自信。

首先，要实现的目标必须既明确又现实。模糊的目标无法激励孩子，不现实的目标还会迫使孩子迅速放弃。

其次，引导孩子把需要做的事情拆分成小块进行思考。假设本次目标是提高英语成绩，那么给孩子制订的计划应具体涉及到语法、阅读理解、背单词、听力等多个部分。若换成数学科目，计划可以细致到考试范围和内容。学习内容细分后，学习计划实行起来就会得心应手。

再次，孩子需要拥有"只要努力就能改善性格，提高成绩"的坚定信心，这种信心正是来源于成长型心态。如果孩子认为努力只是浪费时间，他的自信心也会逐渐被消磨掉。

为了达到目标，孩子应该把需要做的事情分成小块再进行思考。细分学习内容后，孩子更能如鱼得水地执行学习计划。

最后，孩子要有经常取得小成功的经验，比如完成了当天的学习目标，这样自信心才会越来越强。即便考试分数只提高了 10 分，这种小进步也是值得庆贺的。取得这种小成功的次数越多，越能增强孩子的自信心，越能取得更大的成功。

综上所述，孩子获得自信心的要素与制订计划有着密不可分的联系。"制订——完成——重新制订"的计划模式与学习能力的提高也息息相关。我们要学会引导孩子制订目标，设定阶段性的学习任务，保证他们每天都能感受到小小成功带来的满足感。

赋予孩子敢于挑战的勇气

"就算现在倒数第一，也有机会名列前茅！"

影响学习成绩的因素，并不仅仅只有智力，勇气也很重要，尤其是面对失败敢于重新挑战的勇气。举个极端的例子，假设一个孩子是数学天才，可他因为害怕出错和失败而不敢挑战解题，那么即使他的智力水平再高，他的学习能力也不会突出。因此，父母在平日里要有意识地培养孩子失败后重新挑战的勇气。英国教育企业家维多利亚·邦德建议父母对孩子这样说：[1]

"即使第一次没有成功，也要再三尝试。"

经历过失败的孩子很容易感到绝望，但当他们认识到眼前的失败只是整个挑战过程中的很小一部分时，就会重拾勇气，再次挑战。

---

[1] schoolguide.co.uk 10 proven ways to help your child do well at school.

我们也可以给孩子讲讲名人敢于挑战的事例：

"你知道爱因斯坦吧？天才物理学家爱因斯坦5岁还不会说话，16岁升学考试落榜，一度被父亲称为'失败之作'。但是，学习成绩这么差的爱因斯坦最后却成了天才物理学家。你看，不怕挑战的勇气，让一切皆有可能，'傻瓜'能成为天才，最后一名也能成为正数第一名。"

"你爱吃的肯德基是家世界级炸鸡连锁企业，牌子上那位老爷爷图案，画的就是肯德基的创始人哈兰·山德士。当年，山德士爷爷辗转多家餐厅推广炸鸡食谱，都被拒绝了。一千多名老板以"不好吃"为由拒绝了山德士爷爷，但是他并没有气馁，决定自己创业，最终取得了成功。如今肯德基出售的炸鸡享誉全球。不经历风雨怎能见彩虹？只有经历失败之后，才能迎来成功。"

不过对孩子来说，相比伟人的故事，父母的亲身经历会更加具体生动、更能让他们感同身受。我们也可以讲讲自己曾遭受失败并克服难关的经历，这能很好地安抚孩子低落的情绪，有效帮助压力重重的孩子走出萎靡不振、焦虑不安的状态。例如：

"爸爸上小学五年级的时候，有一次数学考试只得了50分。那时我的数学特别差，但是我并没有放弃。后来我不急不躁，认认真真地把奶奶买来的数学试题集都做了一遍，结果下次数学考试成绩提高到了 85 分。"

"英语学起来很难，妈妈上学的时候英语分数也不高。当时，妈妈怎么也背不下来英语单词，于是想出了一个办法，一边写单词一边大声朗读，发现这样背单词的效果特别好。后来，我又渐渐摸索出来一个更好的办法，那就是在句子中理解单词的意思，记下整句话，这样单词自然就容易掌握了。"

"爸爸上高中的时候，曾因为讨厌学习而离家出走过。我当时认为，上大学一点也不重要。可是离家出走后，我切身体会到了饥寒交迫是什么感觉，这才幡然醒悟，还是在家学习好呀！幸好当时我改变主意回家了，要不然现在也不会有这么幸福的家庭和如此可爱的你啊！"

孩子年纪尚小时，我们不需要过于坦白。因为对儿童来说，父母是他们心中的英雄，"完美的形象"对孩子的影响是巨大的。但是等孩子稍微长大以后，他们会意识到父母并不是完美的人。这时，我们要放下身段，以诚相待，欣然分享有关失败、挑战、成功等琐事，用亲身经历给孩子带来更大的触动和改变。

横向称赞效果更佳

"你比我小时候努力多啦。"

首先和大家分享一个教育心理学的实验，先告诉大家实验的结论：我们应该称赞孩子甘愿"付出努力的态度"，而非孩子"与生俱来的才能"。

美国斯坦福大学心理学教授卡罗尔·德韦克和她的团队曾对400名五年级的学生进行了研究。他们将400名学生随机分为两组，让他们独立完成一系列智力拼图任务。一开始的拼图任务很简单，所有的学生都能出色地完成。每个孩子完成任务后，研究人员会把分数告诉他，并说一句表扬或者鼓励的话。一组孩子得到的是一句关于智力的称赞，比如"你在拼图方面很有天分，你很聪明"；另外一组孩子得到的是一句关于努力的称赞，比如"看到你刚才拼得很认真、很努力，所以你的成绩很出色"。

随后，进入第二轮拼图任务。研究人员准备了两种不同难度的拼图任务，一种较难，但会在过程中学到新知识。另一种是和上一轮类似的简单任务。孩子们可以自由选择其中一种。结果发现，那些在第一轮中被夸奖努力的孩子中，有 90% 选择了难度较大的任务。而那些被表扬聪明的孩子，则大部分选择了简单的任务。

究竟为什么会出现这样的差异呢？那是因为，被称赞聪明的孩子希望能一直保持自己聪明的形象，他们为了避免"出丑"，选择了简单的拼图。相反，被称赞努力的孩子渴望展示自己勇于挑战的状态，于是果断选择了较难的拼图。

这项研究带给我们的启发是，我们称赞孩子时，不应该称赞智力、外貌、声音、运动能力等天生的才能，而是应该侧重于称赞他们认真学习、勤恳练习的努力态度。父母可以这样称赞孩子：

> "你努力的样子真的很帅气。"
>
> "你认真的样子真的很有魅力。"
>
> "你竟然坚持到了最后，顺利完成了所有学习任务，我为你的毅力感到骄傲。"
>
> "我很欣赏你充满自信的生活态度。"
>
> "因为你集中注意力了，所以成功解出了这么难的题目，简直太棒了！"

除此之外，正确有效的称赞还需要具备一个条件，那就是要足够具体。抽象且不具体的称赞往往效果不佳。下面我们比较一下两者的不同（见表 4）。

表 4　抽象称赞的语言习惯和具体称赞的语言习惯

抽象称赞的语言习惯	具体称赞的语言习惯
今天你认真学习了数学，做得很好。	今天做数学题时，你试着仔细审题了，做得很好。
谢谢你帮我。	谢谢你帮我，尤其是帮我整理书桌，书桌本来挺乱的，现在整理得井井有条的。
你今天很漂亮。	你T恤衫上面的图案很漂亮，跟裙子的颜色也很配。

得到具体称赞的孩子会明白自己擅长什么并重复该具体行为，从而更有可能获得成长和发展。

虽然父母可以通过具体的称赞引导孩子更上一层楼。不过，随着孩子长大，这种方式的称赞效果会越来越不明显。因为，相似的称赞听得多了，任何人都会变得心不在焉、无动于衷。

另外，德国心理学家沃尔夫乌维·迈耶的一项研究显示，孩子到了 12 周岁左右就可以分辨称赞的真假了。如果父母的称赞不是发自内心、总是带有目的性的话，孩子是会察觉到的，这种称赞也会渐渐失去效力。那么我们此时该如何应对呢？

既然孩子会成长，那么父母的称赞也要随之进化升级。在此我们和大家分享三个"锦囊妙计"：横向称赞、饱含尊重的称赞、饱含情感的称赞。这三种称赞方式是相互关联的，只要熟悉了其中一项，其他两项也能轻而易举地掌握并运用。

其中，横向称赞最为重要。在孩子上了初中、高中后，父母就不能再像逗宠物一样称赞孩子了，父母首先需要从高高在上的位置上走下来，与孩子平等相处，以朋友的姿态与孩子沟通交流。具体可以参考下面的例子：

"爸爸高中时期没有好好学习，偶尔也会闯祸。"

"妈妈小时候非常讨厌读书，不知道当时为什么会那样。"

对一直高高在上的父母来说，这样的话可能很难说出口，会觉得有损自己的自尊心和威信。可是在孩子长大后，只有父母放弃所谓的威信，孩子才能敞开心扉。只有在平等状态下，饱含尊重的真心称赞，才能打动人心。那么如何进行饱含尊重的横向称赞呢？具体方法就是真诚地夸奖孩子比自己更优秀的地方：

"爸爸小时候可没能像你这么认真地学习。"

"妈妈因为害怕高考连觉都没睡好，相比之下你勇敢多了。"

"你孜孜不倦努力学习的样子很帅气，爸爸要向你学习。"

如上所述，父母就像对待成年朋友一样，对孩子说出发自内心的称赞就可以了。当孩子发现，高高在上的父母竟然承认比不上自己，惊讶之余，孩子也会觉得心里美滋滋的，在学习上也会更有干劲。

另外，如果父母能向孩子直接表达内心的情感和想法，那么称赞效果同样会非同凡响。比如父母可以明确表示，孩子的某些特定行为打动了自己：

> "你这样做，我非常开心。"
>
> "你一笑，爸爸妈妈就会感到非常幸福。"
>
> "今天你确实认真学习了，我有些感动。"
>
> "你今天真的很努力，我感受到了你的韧性，为你骄傲。"

对孩子来说，让父母高兴是非常幸福的事情，孩子会长久地记住当时的心情。如果父母真正把孩子当作朋友一样平等对待，自然就会对孩子进行饱含尊重、饱含情感的称赞。孩子也会在父母真诚的称赞中更喜欢自己的父母，因为，孩子能从父母的言语中获得自己迫切需要的自尊感。从此，孩子会把父母当成朋友，毫无保留地和父母分享学业和成绩方面的问题。父母详细了解过孩子的学习情况，也能更及时地向孩子伸出援助之手。

望子成龙确实有效

"你当然要考上好大学！"

"你要考上好大学。"

"你要忍耐，再接再厉，加把劲儿学习。"

"别再沉迷于眼前的快乐啦！你要想想自己的未来，努力奋斗才能考上好大学。"

这些都是父母唠叨的典型话语。其实，父母也不喜欢唠叨，因为明知这样做孩子会感到厌烦。父母一方面对孩子深感歉意，一方面也在怀疑唠叨是否真的有效果，是否应该停止唠叨。

好消息是，有研究为父母的唠叨正名了。英国埃塞克斯大学研究员埃丽卡·拉斯康拉米雷斯2015年发表的论文中提出了如下观点：① 父

---

① *Teenage pregnancy and motherhood in England: do parents' educational expectations matter?*

母"高期望值的唠叨"不仅对孩子的学业有益，还会引导他们在未来取得成功。

埃丽卡·拉斯康拉米雷斯以 15 500 名 13~14 岁英国女学生为对象进行了跟踪调查。调查数据显示，女儿受到妈妈所施加的压力越大，考上大学的可能性就越高，而且十几岁就怀孕的概率也越低。直至大学毕业以后，一直被妈妈唠叨的女儿也倾向于从事薪资更高的职业，同时遇到成功男性的概率也更大。

英国妈妈的唠叨都是些老生常谈的内容："做决定的时候，考虑考虑未来""十几岁时怀孕会毁掉你的一生""好好管理时间""为了未来，内心要抱有更大的希望"，等等。

埃丽卡·拉斯康拉米雷斯解释道，虽然孩子讨厌这些千篇一律、陈词滥调的唠叨，但是会在不知不觉中接受并听从父母的话。不可否认，对孩子的一生影响最大的人非父母莫属。

虽然人们大多不喜欢唠叨，但是换个角度看，唠叨是一种表达期许的语言。孩子经常听这样的话，就会自然而然地将父母的期望内化，潜意识里想要迎合父母的期望，更倾向于追求道德感强、诚实自律的生活。当然，父母的期望值必须在正常水平范围内，如果期望值过高，则会适得其反。类似下面这种表达期待的唠叨，能起到帮助孩子提高自我价值感的作用：

> "你当然要考上好大学，因为你有这个能力。"
>
> "我相信你可以坚持早起学习的，因为你一直很有毅力。"

"你可以写完作业再玩的，因为妈妈知道你是一个负责的人呀。"

这些话虽然也是唠叨，但也是对孩子的高度评价。告诉孩子他有一定的潜力和可能性，会让孩子变得更加强大。

再和大家分享一个我在《成绩急速提升的秘密》这本书上看到的故事。这本书的作者是"学习之神"网站的导师刘尚根，他提及自己上中学时没有认真学习，整天惹是生非，直到有一天老师握着他的手说：

"你现在的排名并不是你真实的名次，快回到你真实的名次上来吧。"

作者当时连全校前二百名都排不上，老师的这句话让他摸不着头脑。没想到老师接着说："你这个孩子，本来学习成绩可以很优秀的。"老师仅仅表达了内心的期望和对作者的信任，没想到彻底改变了作者的人生。从此，作者专心投入到学习当中，学习成绩在短时间内迅速提升。父母可以参考这个事例，用温和的语言合理表达我们对孩子的期望，鼓励孩子走向成功。

帮助孩子打造强大成长引擎的
父母语言习惯

"人是可以改变的，努力能带来积极的变化。通过努力，你也可以变得更加优秀。"

"就像打电子游戏一样，人的能力值也会不断升级。"

"这种类型的题多做几次试试，那么你肯定能理解的。"

"虽然这次考试考得不太理想，但是以后机会还多着呢，一切都还没有结束。"

"谁说你考不上好大学？现在还不知道呢。"

"别着急，一点一点进步已经很不容易了。"

"虽然你有缺点，但是一点一点努力下去肯定能改正。"

"虽然你记忆力差，不擅长背诵，但是找到适合自己的方法，多背几遍一定可以的。"

"如果不制订计划，你就可能会变成胆小鬼，越来越害怕学习。"

"试试看吧！每天制订一些小计划并付诸行动，你可以体验到满满的成就感。"

"今天的计划实现了？真了不起，爸爸妈妈也为你高兴。"

语言习惯

4

贴心嘱咐胜过无理强求

聪明的父母会具体指出孩子存在的问题，从而帮助孩子尽快改正。懂得使用具体语言指出孩子问题的父母，也是懂得保护孩子心灵的父母。因为这样的父母会在不伤害孩子的情况下，引导孩子积极地改正问题。而一些"不明智"的父母会强迫式地责备孩子，导致了亲子间产生沟通障碍。我们为人父母应该学会言传身教，与孩子进行温和且有逻辑的对话，这样才能真正做到帮助孩子提高学习成绩。

具体指出孩子学习态度方面的问题

"考试之前，试着深呼吸5次。"

　　如果发现孩子的学习态度不端正，父母一定要及时给予纠正。不过，纠正的时候需要注意一点，那就是语言一定要具体。试想一位患者见了两位医生，一位医生笼统地说"多运动"，而另一位医生提出了"每天做10分钟以上的有氧运动，要有气喘吁吁的感觉才可以"的具体方案，那么这位患者肯定更信任后者，觉得第二位医生的话更有说服力，并按照他的建议去做。

　　同样，聪明的父母会具体指出孩子存在的问题，从而帮助孩子尽快改正。懂得使用具体语言指出问题的父母，也是懂得保护孩子内心的父母。美国教育学博士佩格·道森也曾多次强调，[①]针对孩子的学习态度，父母只有进行具体的评价，才能帮助孩子提高成绩。那么，如果孩子不认真学习或不按时写作业，父母应该怎么说呢？

---

　　① *Strategies to Make Homework Go More Smoothly*

1）你写作业的态度不端正。

2）你做题的时候太马虎。

3）你很懒惰。

4）你有写作业拖延的习惯。

上述话语中，第一句和第三句指出的问题是抽象的，这会导致两个不良后果。

一是，说得太过笼统，导致孩子不知道要改正什么。例如，第一句"态度不端正"，孩子听到后难免会感到迷茫，不知应该作何改变。再比如第三句的"你很懒惰"，孩子听到后，很难判断自己何时懒惰了，什么时候应该更勤快一些。

二是，孩子有可能因此受到伤害。"态度不端正""懒惰"这些话属于人身攻击，等于在指责孩子存在根本性的缺陷。孩子听了当然会不开心，还可能会因此讨厌对自己说出这些话的父母。

相比之下，第二句和第四句指出的问题是具体的，明确地指出了孩子需要改正什么问题。孩子意识到自己的问题后，会开始认真做题，尽量减少因为马虎而造成的失误；他们也会尝试提早写作业，慢慢改掉拖延的习惯。这两句话不包含任何人身攻击的词语，不会让孩子产生抵触心理。

因此，我们不提倡类似第一句和第三句的这种笼统指出问题的表达方式，而提倡第二句和第四句这种具体指出问题的表达方式。需要强调的是，如果父母不能做到尊重孩子的人格、考虑孩子的感受，具体指出问题的话，那么还不如缄口不语。下面再看一组对比（见表5）。

表 5　抽象模糊的指正和明确具体的指正

抽象模糊的指正	明确具体的指正
别马马虎虎的。	考试做题时，你要一字一句地认真审题。
你为什么那么着急？	又没有小怪兽在后面追你，你可以慢慢来。
静下心来。	考试之前，试着深呼吸5次。
好好听老师的话。	老师讲话的时候，你要像小白兔一样竖起耳朵认真听。

　　显而易见，比起笼统地说"别马马虎虎的"，具体指出"一字一句地认真审题"对孩子更有益；同理，比起含糊地说"静下心来"，具体建议孩子"试着深呼吸 5 次"的方法更实用。

　　另外，合理运用比喻也可以提高指出问题的效果。与其说"好好听老师的话"，倒不如具体形象地指出"老师讲话的时候，你要像小白兔一样竖起耳朵认真听"。这样，孩子脑中会浮现出具体的场景，就能明确自己应该怎么做了。

如果孩子平时没有得到充分的休息，那么他的成绩很有可能会受到影响。因为只有充分的休息才能确保孩子精力充沛、注意力集中。然而，现实中孩子会在休息的时候玩智能手机或看电视，但是这种休息方式不能称之为"纯粹的休息"，反而会让身体更加劳累，精神更加疲倦。如果孩子经常通过这种方式休息，那么就需要父母出面劝阻。

大部分情况下，父母会说"边玩游戏边休息不太好""休息的时候看电视会影响学习效率，你可要听劝啊""打电子游戏不是休息"，等等。

这些话虽然是事实，但对孩子来说，仅仅叙述事实是没有任何作用的。父母一味地说教，孩子根本听不进去。此时，只有避开这些老套的说辞，使用生动的语言，才能引起孩子的注意。父母可以这样说：

> "现在该给大脑做'人工呼吸'了。"
>
> "该给你的大脑供氧了。"
>
> "大脑'心肺复苏'时间到了。"

人在休息时，大脑会吸收所需要的氧气，这有助于注意力的快速恢复。如果能够用生动的语言让孩子意识到不好好休息的危害，那就事半功倍了。因此，父母不妨用有趣的方式讲述具有科学依据的原理。下面是我们参考美国堪萨斯大学网站上的教育信息想出来的话术：[①]

> "大脑需要吸收氧气才能得以休息，当你学累了的时候，可以尝试站起来在房间里走几分钟。因为久坐的话，受到重力作用，携带氧气的'血液小兵'会沉积到下半身的血管中。当你走动的时候，'血液小兵'就能够循环到全身上下，包括大脑。这样一来，就能运输更多的氧气到大脑中，大脑自然就清醒起来了。"

父母只有像这样提出明确的依据，才能有效说服孩子。孩子听到这样的话后，也会了解到在房间里活动的必要性，父母还可以引入散步、体操等有氧运动。

当然，虽然比起陈词滥调，生动风趣的语言更有感染力，但有

---

① www.k-state.edu Improving Your Concentration

些话重复使用多次后，也不会像刚开始那样奏效，那么父母可以尝试换一种形式来表达：

> "学习这么长时间，大脑已经很累了，现在你又要玩游戏，这明显是在虐待自己的大脑呀！"
>
> "你难道没有听到尖叫声吗？大脑在向你大声求救呢！"

最后，还想提醒大家一件事。虽然父母时常担心孩子沉迷电子游戏，想方设法阻止孩子靠近电子设备。但是我认为，父母没有必要为此跟孩子吵得面红耳赤。因为，在现实生活中几乎所有的孩子都或多或少地接触过电子游戏。我亲眼所见，哪怕是后来考上名校的孩子，也曾在高三那年玩过电子游戏，甚至有些学生坦白承认"曾经高中晚自习结束后，去网吧玩过游戏"。我也听不少父母抱怨过，孩子考上重点高中后一回家就玩游戏玩到凌晨。

孩子不碰电子游戏固然是好的，可是现实生活中真正不玩电子游戏的孩子毕竟只有极少数。所以，父母应该以缩短孩子玩电子游戏的时间为目标，通过协商的形式限制玩的时间，来防止孩子沉迷其中。

引导孩子改正影响学习成绩的坏习惯

"别的不说，这一点我们必须改。"

"为什么我们家孩子考试成绩这么差？"

看着孩子的校排名，我不禁脸红到重新审视自己的教育方法，内心充满和全世界很多父母一样百思不得其解的呐喊声。其实，孩子成绩差的原因有很多，英国牛津学习教育企业（Oxford Learning）整理出一份资料，[①] 将孩子学习成绩差的原因总结归纳为以下八种：

第一，阅读能力差。如果孩子的阅读能力、理解能力不强，那么考试时他们会因无法正确理解题意而取得低分。教育学家特别强调父母培养儿童阅读能力的重要性，即使小时候父母没有重视孩子阅读能力的培养，到了高中也不算晚。当孩子拥有集中心力仔细阅读的习惯后，教科书、参考书和考试题带来的文字难度将大大降低，这对他

[①] www.oxfordlearning.com Why Is My Child Getting Bad Grades

们提高学习成绩大有裨益。

第二，混乱的生活和头脑。若孩子整日浑浑噩噩，将学习和玩乐时间归为一谈，学业必然会受到负面影响。只有当他们脑海里"形成"一张规律的活动时间表，并严格按其执行，将每日二十四小时规划得井井有条，才可能成为思路清晰、有条理的优等生。

第三，沟通能力差。如果孩子与老师或父母沟通不畅，那么他们的学习成绩也会每况愈下。"你连这么简单的题都不会做吗？"我注意到一些父母会像这样强迫式地责备孩子，此类做法不利于亲子间进行友好沟通。父母应该言传身教，与孩子展开温和且有逻辑的对话。

第四，注意力不集中。如同钓鱼，学生尤其忌讳在课堂上开小差，让鱼儿"逃脱"。我们要告诉孩子，老师的每一句话都含有能让他们取得满分的"高级情报"，因此一句也不能错过，集中精神细心倾听才行。

第五，不健康的生活习惯。拥有健康的身体是学习的基础。如果孩子睡眠不足或饮食不规律，精神萎靡不振，身体消瘦疲倦，学习自然会受影响。

第六，缺乏自信。即使孩子考试得了低分，父母也要真诚地认可他们付出的所有努力，告诉他们得低分只是暂时的，并相信孩子会取得进步。与此同时，此刻的孩子迫切地需要成功的经验，哪怕是微小的成功对他们而言也弥足珍贵。所以，我们需要引导孩子从简单易懂的部分做起，逐渐培养孩子的自信心。

第七，缺乏学习动机。没有学习动机，孩子当然不会认真学习，关于学习动机这一问题，读者可以回顾本书的第二章。

第八，考试技巧不足。对提高学习成绩来说，考试技巧如同锦上添花。答题时所用的技巧、做题时如何分配时间的技巧和遇到难题时决定放弃与否的判断技巧等，都会影响孩子的考试结果。

其实，本书和读者共同探究的就是关于孩子沟通、自信、学习动机、专注力等方面的一系列问题和解决方案，以上几个方面想必大家已经了然于心。但需要注意的一点是：父母千万不能操之过急。假如能够一举解决上述所有问题，那么孩子自然可以将"满分"轻松收入囊中。但是一下子让孩子改正诸多不良习惯的想法是不现实的。

对孩子来说，逐个击破的方案更加合理。父母应该细心观察，准确判断出孩子成绩差的主要原因并重点加以解决。例如，当"缺乏自信"是当前孩子成绩下滑的主要原因时，我们可以先带孩子做一些他擅长的事，鼓励孩子学会相信自己。另外，还可以每天进行 10 分钟"增强自信"的亲子对话，帮助孩子发现自己的优点。

> A："今天你发现自己有什么优点了吗？"
>
> B："虽然我现在成绩不太理想，但是我很有毅力。"
>
> A："没错，妈妈同意你的想法。你从小就很有毅力，所以只要坚持不懈地努力，成绩一定会有进步的。"
>
> B："还有，我言出必行，做事脚踏实地，每天都会按时做作业。"
>
> A："对，你比很多人都认真，这是你最大的优点，妈妈相信你一定会变得越来越优秀的！"

接着，针对"阅读能力差"的次要问题，我们可以每天固定一段时间跟孩子一起读一本书，在读书的过程中与之进行有逻辑的交流，引导孩子慢慢体会阅读的乐趣，体验读完一本书的成就感，产生"原来我能做到"的想法。这样可以在提升孩子阅读能力的同时，也为其自信心的建立添砖加瓦……如此，可以减轻孩子的压力，他们也更乐于接受。

其实，把握影响学习的主要问题最为重要。当影响学习的主要问题得到改正后，孩子的成绩就能提高不少了。当注意力不集中是成绩下滑的主要原因时，我们夫妻曾这样劝说过孩子，并取得了显著的效果：

> "其他的事情爸妈可以不做要求，但是上课时你一定要集中注意力。这一点你试着坚持3周，争取不要漏掉老师讲的每一句话，21天后，你的成绩肯定会有所提高的。"

不仅如此，强调"只解决主要问题"的方法，在劝说孩子改掉赖床、长时间使用智能手机、不与老师沟通等不良习惯方面也非常有效。例如，我们可以尝试这样说：

> "其余方面照常，你只要做到每天早上7点准时起床就足够了。咱们先坚持10天试试。你可以的！"
>
> "其他的我不做要求，但是不可以带手机上学这一点你一定要做到。"

父母需如启明灯一般，准确判断出孩子成绩差的主要原因，并向孩子提议只需要改正主要问题即可。至于其他次要问题，父母可以明确告知无须改正，必要时也可以做出承诺。

> "有不理解的地方，你一定要及时请教老师、积极提问。答应妈妈，你一定会遵守这一点。"

英国伦敦大学学院菲利帕·拉利教授在《欧洲社会心理学杂志》发表的文章中指出，养成一个新习惯绝非 21 天之功，其所需的时间因人而异且差异极大，平均起来是 66 天。因此，如果父母想让孩子养成某个好习惯，不妨向他们提议"连续 66 天"的挑战目标，助其一臂之力。父母和孩子只需设定一个首要目标，然后全力以赴实现这一目标即可。即使期间孩子出现"开小差"的行为也无需指责，只要把握住大方向，反复加强好的行为，依然可以有条不紊地改掉孩子的坏习惯。

综上所述，父母需要准确判断出孩子成绩差的主要原因，并向孩子提议只需要改正主要问题即可，至于其他次要问题，父母可以明确告知无须改正。相信假以时日，待主要问题得以解决，孩子肯定会有所改进，成绩也会不负众望。当孩子通过坚持好习惯体会到学习的乐趣时，其他次要问题也会更容易得到改善。这里我想再次强调，各位父母千万不能贪心。因为贪心的父母不仅会失去提高孩子成绩的机会，亲子关系也将岌岌可危。

该如何面对不满意的成绩单？

"再努力一点肯定会有进步的。"

假设孩子今天放学回家拿出了一张令你失望的成绩单，你会对孩子说些什么呢？又会露出怎样的表情呢？

回想起小时候拿着不及格的成绩单找父母签字时，他们脸上浮现出的一系列"失望、自责、悲伤、愤怒"的表情，如今的我依旧心有余悸。我认为，决定孩子学习成绩的因素有很多，像是教育环境、努力程度等，但最重要的还是我们身为父母的态度。特别是，当看到孩子的成绩单后，我们脸上的表情和说出的话语都会影响孩子的下一次考试成绩。

这并非危言耸听。父母看到成绩单后的反应对孩子未来的成绩确实会带来一定影响。20 世纪 80 年代，美国社会学家桑福德·多恩布施教授曾以八千多名高中生和四千多名父母及教师为对象进行了一项研究，研究结果表明，面对不满意的成绩单，父母大致有五种反应：

第一种反应是"失望"，这也是最差的反应。孩子若留意到父母表露出明显失望的表情或言语，那么他们下一次考试失败的可能性会大大提高。换位思考一下，如果你的父母此时一边叹气一边抱怨"分数这么低，真是太失望了"，那么你会有什么样的内心活动呢？是不是内心已经开始焦虑不安并伴随着不断滋生的负罪感，将父母失望的原因全部归咎于自己了呢？这种负罪感和无能感会给孩子带来无形的压力，让他们认为自己无能至极，同时会否定自我，进而妨碍学习和生活，形成"差生"的恶性循环。

第二种反应是惩罚或训斥，其恶劣程度不亚于失望反应。趋利避害的本能会让孩子因避免再次受罚而被迫学习。当他们的学习积极性逐渐降低，由主动学习转向被动学习后，提高成绩就很难了。

第三种反应是沉默。试想一下父母长时间紧盯着成绩单却一言不发的场景，周围的空气仿佛一瞬间凝固了。孩子敏感的内心促使他们开始不自觉地担心成绩差会破坏家庭关系。这种"亲子关系可能断裂"的恐惧将严重妨碍孩子的正常学习生活，影响未来的学业。

第四种反应，也是最后一种不良反应，即父母提出物质奖励。比如有的父母会安慰孩子说："如果下次成绩提高了，就给你买一部手机。"这种习惯性的做法无疑于饮鸩止渴，给孩子传递"学习等于交易"的错误信息。况且，随着孩子年龄的增长，我们无法仅凭物质奖励，"引诱"他们继续认真学习，这可能会导致孩子的学习成绩日后一落千丈。

那么，面对不满意的成绩单，父母应该怎样做呢？多恩布施教授强调，孩子此刻最需要"冷静的鼓励"。① 例如，他会这样说：

"爸爸相信，只要你再努力一点，成绩肯定会大幅提高。"

这句话看似平平无奇，却蕴含着丰富的信息。首先，这句话承载着爸爸对孩子的信任；其次，以成绩不太理想的事实作为背景；最后，包含着通过努力可以提高成绩的乐观态度。

不难看出，此刻的父母应该按压心中的怒火，隐藏失望的表情，用真诚认真的态度心平气和地给予孩子信任和鼓励。需要牢记的是，鼓励的语气切忌慷慨激昂，一定要平静淡定。借鉴多恩布施教授的话，我们还可以这样说：

"孩子辛苦了，虽然这次考试分数不高，如果你多做一本试题集，下次分数肯定会提高的。"

"稍微缩短看电视的时间怎么样？这样做的话，下次考试你一定会进步的。"

这些话似乎提醒着孩子只要付出更多努力，成绩就会有所提高。其背后隐藏着的父母对孩子正向积极的鼓励和无条件的信任才是关键所在。

此外，父母最容易忽视自身的心态问题。我们不能因为孩子的

---

① *The New York Times 1986/3/3 "Parents' Reaction to Bad Marks"*

学习成绩不理想而轻易感到失望，也不能随意生气或者滥用物质奖励。我们需要冷静，鼓励孩子多多努力，陪伴着那个已经因为成绩单而感到失落的孩子，相信他有能力不断进步，最终取得理想的成绩。想要做到这一点，父母必须修身养性，消除心中焦躁不安的负面情绪。

引导孩子改正不良学习态度的
父母语言习惯

"考试之前，试着深呼吸 5 次。"

"老师讲话的时候，你要像小白兔一样竖起耳朵认真听。"

"每天早上 7 点准时起床，你只要做到这一点就足够了。其他方面没有任何要求，按照原来的方式做就可以了，就这样坚持 10 天。"

"有不理解的地方，一定要及时请教老师，答应妈妈，你一定会遵守这一点。"

"考试做题时，一定要审好题，一字一句认真读一遍。"

"给大脑做'人工呼吸'的时间到了，该给你的大脑供氧了。"

"学习这么长时间，大脑已经很累了。现在你又要玩游戏，这明显是在虐待自己的大脑呀！"

"今天你发现自己有什么优点了吗？没错，你很有毅力。"

"稍微缩短看电视的时间怎么样？这样做的话，下次考试你一定会进步的。"

抚慰情绪让孩子投入学习

孩子想要取得进步的另一个必要条件是他们绝不能有离家出走的想法。即使你的孩子至今未曾离家出走，大家也千万不可掉以轻心。说不定孩子的心思或许早已飞到了千里之外，徒留肉体在家学习。我认为，精神上的离家出走同样可以成为学习上的障碍。哪怕天才学生只离家出走过一次，这段经历也可能足以让他成绩直线下滑。

忧虑过多导致成绩下滑时

"你所担心的绝大部分事情其实都不会发生。"

　　每年，我的新年愿望之一就是希望孩子可以健康快乐地成长、无忧无虑地生活。常言道，幸福的孩子学习成绩才会好。反之，整天忧心忡忡的孩子不可能全身心地投入到学习当中，学习成绩自然不理想。

　　尽管如此，面对现实生活大大小小的烦恼，孩子总是不堪其扰。心痛之余，我们应该如何帮助孩子摆脱困扰呢？我认为，抚慰孩子的情绪乃重中之重。我们夫妻曾对孩子进行如下劝解：

> "即使你再怎么担忧，也无法掌控未来，还把今天的快乐给赔了进去。"
>
> "瞎操心就像滚雪球一样，越是担心，烦恼就变得越大。"
>
> "你所担心的绝大部分事情其实都不会发生。"

此外，父母还可以运用名言警句来帮助孩子摆脱烦恼：

暮年的马克·吐温曾说过："我发现，我这一辈子总是在担心很多可能会发生的不幸的事情，然而绝大部分的事情并没有发生。"

莎士比亚在他的小说《麦克白》中写道："想象中的恐怖远过于实际上的恐怖。"

美国作家戴尔·卡耐基也向世人提出了一针见血的忠告："忧虑甚至会使最顽强的人生病。"

父母应该从孩子幼年时期开始就关注他们的心理健康，提醒他们：过分的担忧像是害虫。等到孩子入学后，平和的心态可以有效保证他们的学习质量。

然而，消除忧虑并不是一件容易的事情。明知杞人忧天，但我们依然无法在脑海中彻底消除烦恼。那么不妨转换思路，我们可以向孩子提供一些解决忧虑的具体方法。在此，我们夫妻找到了两个锦囊妙计，希望能帮助到你：

第一个方法是，让孩子在笔记本上记录"烦恼笔记"。这一方法是美国心理学家埃丝特·明斯科夫博士在个人著作中所推荐的。[①] 父母可以对孩子说：

---

① *Academic Success Strategies for Adolescents with Learning Disabilities & ADHD*

> "如果有什么担心的事情，你先在笔记本上记下来，等
> 过一段时间再去考虑。"

笔记本上可以记录什么内容呢？不妨写写每日穿搭的疑惑，和朋友闹小矛盾的经过，某位同学说的令人费解的话或是一位令人讨厌的老师名字，等等。我们要告诫孩子学习的时候切忌分散注意力去考虑烦恼的事情，如果孩子想到什么就立刻把想到的内容记录在"烦恼笔记"上。等过一段时间再翻开笔记本，他们便会恍然大悟，那些曾经痛苦的烦恼只是一些可以直接无视的"鸡毛蒜皮"罢了。

如果孩子认为记录"烦恼笔记"的过程比较麻烦的话，我们还有第二个方法，那就是专门设定"烦恼时间"。这一方法是美国心理学家多琳达·兰伯特博士在堪萨斯州立大学网站上发表的文章中所提到的。[1] 这个方法的简易之处在于，孩子只需额外安排时间集中思考让自己烦恼的事情，例如，孩子设定每天晚上 7 点至 7 点 20 分钟为"烦恼时间"，其间专门考虑并解决当天的烦恼。我们可以这样引导孩子：

> "听说过烦恼时间吗？"
> "别一有什么事就开始瞎烦恼，把所有烦恼全部集中到
> 晚上 7 点一并考虑，怎么样？"

---

① www.k-state.edu Improving Your Concentration

总而言之，孩子无须整日忧心忡忡，该玩的时候尽情玩，该学习的时候专心学习，"过一段时间再集中考虑"那些烦恼。

多琳达·兰伯特博士在她的论文中写道："相关研究结果表明，专设烦恼时间可以让烦恼总量减少约 35%。"孩子通过专门设置的烦恼时间，可以在学习过程中脱离无意义的烦恼，提高学习效率。

最后，向大家分享一下我曾经遇到过的烦恼吧。在孩子读高三那一年，我去医院做完乳腺癌定期检查后，疑心自己得了绝症。因为察觉到检查过程中医生的表情略显沉重，而且整个检查过程耗时较长。在接下来等待检查结果的时间里，我几乎夜夜失眠。此事，我的丈夫毫不知情。但我最担心的不是我的身体，而是一想到孩子知情后将无法专心学习，从而影响他的高考成绩。我甚至打算想好对孩子说："妈妈生病了，可是，你现在正处在高三关键时期，我不希望你为妈妈担心，否则，妈妈会更加难受。暂时忘掉妈妈，只管认真学习，这样妈妈才会安心治疗。"

我想，只要是为人母亲，在同样的情况下都会这样悲壮慷慨，不愿给孩子添麻烦吧。万幸的是 1 周后医生告诉我，检查结果并无大碍。松了一口气的同时，我暗自下定决心一定要重视健康。生老病死是自然规律，父母终究是要先于子女老去。但是，在孩子长大成人之前，我们一定要照顾好自己的身体，这样才不会让他们陷入忧愁当中，从而能更好地完成学业。

提高孩子学习成绩的必要条件

"我尊重你的想法。"

我们的孩子在叛逆时期曾威胁过我们要离家出走。对峙中，我感觉到他并非在开玩笑，于是心中开始敲响警钟。这无疑是对我的一次巨大的考验。我回想起幼时同班的一位成绩优异的同学在某次离家出走后，成绩一落千丈的惨痛事例。他在离家出走后，流连忘返于网吧和游戏厅，认识了许多不三不四的人，以至于无心学习。因此，"绝不能有离家出走的想法"成为了我培养孩子的红线，这也是孩子提高成绩的必要条件之一。

即便自家孩子还没有离家出走过，我们也不能放松警惕。或许孩子的种种迹象已经表明他们的心思游荡在外了，这类精神上的离家出走同样会阻碍孩子学习的进步。

此刻，父母需要保证成为孩子坚实的依靠，照顾好孩子的身心。我常思考，想要做到这一点有什么好办法呢？对此，加拿大达尔豪斯大学迈克·安戈尔教授提出的方法既简单又高效，那就是，我们要经常对孩子说"我爱你"。

迈克·安戈尔教授曾因自身爱好涉足育儿和教育领域，共撰写并出版了 15 本相关书籍。我曾阅读过一篇他发表在美国某心理学网站上的关于孩子离家出走的文章，[①] 其中列举的诸多真实案例着实让我心生畏惧。

例如，一名 15 岁女孩的父母因孩子长期离家出走，经常和社会上的男性厮混而担惊受怕，因此希望得到迈克·安戈尔教授的帮助："我们如何才能阻止女儿的这种危险行为呢？我们应该教训她、威胁她、没收她的手机、剃短她的头发或者干脆禁止她出门吗？"

迈克·安戈尔教授建议："父母要让孩子感受到自己被爱围绕着。"上述强硬的态度与措施可能会有暂时的效果，但是父母想从根本上解决这个问题，最有效的方法肯定是打开孩子的心扉。因为这个女孩平时缺乏来自父母的爱，所以才渴望从其他成年男性那里得到关爱和照顾。因此，她的父母必须经常对女儿说"我们真的很爱你"，并用实际行动来证明对女儿的爱，给孩子带来足够的安全感，才能从根源上解决这个问题。

再如，年仅 15 岁的男孩经常跟同龄人一起酗酒滋事。这也是因为孩子平时没有从父母那里得到足够的关心，于是希望在小团体中获得尊重和认可。

如果这些孩子在家里就能够得到充分的爱和尊重，那么他们就不会离家出走，去外面的世界寻求心理满足了。因此，父母若希望孩

---

① psychologytoday.com "I Still Love You" and Other Messages Troubled Kids Need

子的学习成绩优秀，就应该从孩子幼年时期开始经常对他表达"爱"与"尊重"：

> "妈妈爱你。"
>
> "是的，你说得没错。"
>
> "爸爸妈妈尊重你的想法。"

如果家庭中充满了爱与尊重，那么孩子就不会产生离家出走的想法，从而避免学习成绩断崖式下滑的极端情况。

另外，充满爱与尊重的家庭，还有一个必不可少的因素，那就是父母双方要相亲相爱。如果夫妻之间经常吵架，那么肯定会间接影响到孩子的学习状态。

英国卡迪夫大学心理学博士戈登·哈罗德的相关研究结果表明：[1]家庭因素会影响儿童的情绪、行为和学业。在夫妻矛盾频发的家庭环境下成长的孩子很难取得理想的学业成绩。

因此，夫妻之间也应该经常互相表达爱意，尽量做到相敬如宾、恩爱有加。夫妻双方不妨尝试当着孩子的面，对彼此说"爱你"。爸爸也可以告诉孩子："爸爸真的很爱妈妈。"虽然刚开始会有些难为情，但是请你相信，这个小小的变化会给你的生活带来许多的乐趣。

但是良好家庭关系并不意味着没有争吵，根据戈登·哈罗德博士的研究，父母在孩子面前以合理的方式表达分歧和不满情绪、进行

---

[1] www.sciencedaily.com Parental conflict can affect school performance

沟通和谈判是完全可以的。即使过程非常激烈，但只要不涉及肢体冲突和言语羞辱即可。孩子在这个过程中也会受益良多，学会如何应对冲突。

　　总而言之，父母想要提高孩子的学习成绩，就要建立在爱的基础上。不关爱孩子的父母没有资格要求孩子学习成绩优秀，不和睦的夫妻也没有资格要求孩子专心致志地学习。孩子感受到的爱越多，成绩才会越优秀；夫妻之间越相亲相爱，孩子才会越专心。

受人际关系的影响无法专心学习时

"为讨厌的人苦恼等于浪费时间。"

　　我们的孩子在年幼时常常和我抱怨学校糟糕的人际关系。在回家路上，他露出厌恶、憎恨的表情，似乎难掩内心的巨大波动。那段时间，孩子的学习成绩也非常不理想。如果你也有类似情况，如何才能帮助孩子呢？

　　当时，我借用了美国第三十四任总统德怀特·艾森豪威尔的一句话来开导孩子：

　　　　"一分一秒也请不要为讨厌的人而浪费。"

　　我常和孩子说，只有当他彻底清除脑海中与讨厌之人有关的想法，才能静下心来做自己该做的事。如果我们整日"受困"于苦恼的情绪，将精力和时间浪费在这些无关紧要的琐事上，岂不是在间接浪费美好的人生？

"弱者不会宽容，那是强者的特质。"

莫罕达斯·甘地的这句话也能很好地引导孩子摒弃杂念。在我们一次次的劝解下，孩子渐渐学会了宽容讨厌的同学、忘却不愉快的事情，全身心地专注于学习，后来成绩又逐步回升了。

但是并非所有的孩子都能因此而顺利走出困境。如果情况更糟糕些，当孩子因为复杂的人际关系饱受压力、郁郁寡欢时，我们应该改变策略，采用一些通俗易懂的语言来安慰他们：

"别人笑你太疯癫，你就直接无视掉。"
"走自己的路，让别人说去吧。"

面对仍然很沮丧爱钻牛角尖的孩子，我们可以换个说法帮助孩子发泄情绪。不如听听诺贝尔文学奖获奖作家美国文学家托妮·莫里森所说的：

"一只鸟想飞得高，最好先把肚子里的粪便排得一干二净。"

其实，这句话更好的翻译是"如果你想展翅飞翔，就必须放弃那些让你感到沉重的负担。"父母也可以这样解释给孩子听：

负面情绪会干扰孩子内心，导致他们学习效率下降。只有清除脑海中的负面想法，孩子才能静下心来学习。

"不要被人际关系中的各种压力所压垮，它们就好像粪便一样。我们不能因为这些'粪便'挡路而停滞不前，浪费自己宝贵的时间。把它们从脑海中全部清除掉，专心做自己该做的事吧。"

另外，我们夫妻也曾通过故事《那只逃出深坑的兔子的秘密》，帮助孩子摆脱了人际关系所带来的困扰：

"数十只兔子一起出去吃草，其中3只兔子不幸掉进了深坑里。其余兔子尝试把这3只兔子救出来，但是坑实在太深了。兔子的弹跳力虽佳，却怎么也无法逃出深坑。坑外的兔子安慰它们说：'伙伴们，对不起，你们放弃吧，看来你们是出不来了，还是坦然面对死亡吧。'听了这话，坑里有2只兔子流泪放弃，但剩下的那只却始终没有放弃，继续尝试着跳出深坑。虽然其他兔子还是告诉它：'不要白费力气了，你是出不来的。'但那只兔子不管伙伴说什么，依旧坚持继续跳跃，最终跳出了深坑。它的伙伴们疑惑地问：'你为什么不相信我们的话呢？'其实，这只兔子因为先天性耳聋根本听不见伙伴们的话，那么它自然不会受到外界影响，所以才没有轻言放弃，坚持不懈地尝试自救，最后成功逃出深坑。孩子，你也要像那只不放弃的兔子一样学会捂住耳朵，不要去听那些打击人的话，这样才能获得更有价值的东西。"

人的精力像是容量有限的杯子，水满则溢。对以学习为主业的孩子来说，更加需要学会选择性地看事物、选择性地听人言，专注于更重要的事情。

另外，孩子与老师之间的师生关系同样非常重要。正如美国弗吉尼亚大学利亚·桑迪洛斯博士发表的一篇论文里所言：[1]

　　　"一段良好的师生关系，可以激起学生的学习欲望。"

实际上，我们对周遭的调查结果也确实如此。许多孩子会因为喜欢某个学科的老师而爱上这个科目。当然也有一些孩子会因为对某个学科的老师大失所望而心生埋怨，渐渐放弃这个科目。但是对老师的失望，大多都是不良情绪所致，并不客观。它们像是过度弯折的弹簧，最终会反弹伤害到孩子自己，对孩子的学业产生极大的负面影响。因此，即便老师有所失误或者说了一些伤人的话，我们也要给孩子做好理解老师的心理准备，引导孩子客观地评价老师。我们夫妻俩会经常劝导孩子要学会放宽心态，降低对老师的期待值：

　　　"老师也像爸爸妈妈一样，也是普通人，不可能完美无缺，也会有缺点。"

---

　　① www.apa.org "Improving Students' Relationships with Teachers to Provide Essential Supports for Learning"

让孩子在快乐的环境中学习

"不要在意他人的评价。"

"成为个人幸福生活的主导者吧！"这是我们让孩子时常在心中默念的一句话。因为，一个人想要过得幸福，就不能过度在意外界的声音。或许我们曾在朋友和家人的称赞中感受到过幸福感，但如果我们索取幸福的途径仅仅来源于外界，那么得不到他人的称赞就会感到不幸福。对我们每个人而言，他人的称赞并非是获得幸福的必要条件，学会自我称赞才能掌握自己的幸福、主导自己的人生。

如何让孩子学会称赞自己呢？比起父母给予的物质馈赠，这个"无形的礼物"显得更为重要。我们要引导孩子练习自我赞美，首先就要将赞美的主体由"父母"转化为"子女"。

举个例子，假设孩子的学习成绩上升或者孩子学习态度更积极了，一般情况下父母会夸奖孩子说："你真了不起！""我真的为你感到骄傲。"这虽然也会让孩子感觉到很开心，但此时做出评价的主体是父母，我们需要更好的方法来增强孩子的幸福感。美国畅销书作家兼教育专家米歇尔·波巴博士为大家指明了另一条道路：父母应该教导孩子为自己感到自豪，[①] 尽量少说"太了不起了！我真的为你感到骄傲。"而应该尝试多说：

"太了不起了！你应该为你自己感到自豪。"

手握理想的成绩单，孩子本就应该比父母更加心满意足。如此情境下，他们才应该是做出评价和表扬的主体，父母的评价和表扬则是相对次要的。与此同时，孩子在自我表扬、自我认可的过程中，内心油然而生的幸福感和自豪感会转化为克服困难的动力，引导他们逐渐成长为独立的努力型人才。父母还可以这样说：

"你自己也清楚吧，你真的非常棒！"
"不要那么在意他人的评价，你的自我满足最重要。"
"考试考得这么好，你自己表扬一下自己吧。"
"这么快就克服了挫折，你比妈妈厉害。"

这样的表述方式暗示着孩子需要确立"明确的自我中心"。当孩子学会发现"闪光"的自己，那么即便独自面对这个世界，他们也不会轻易对自我能力产生怀疑。因为，坚实的自豪感是孩子一生的资本，它能衍生出持之以恒的毅力，给予孩子敢于挑战的勇气，让他在

---

①　micheleborba.com "Cures for Kids Hooked on Rewards"

未来的生活中如鱼得水。

孩子对自我能力产生自豪感十分重要。美国一个非营利性教育信息网站上的一篇文章给了很好的理论支持。在中学执教二十年的埃里克·托夏利教师综合大量研究结果最终得出结论，[①] 在下列四种情况中学生会失去学习的毅力和耐心：

1）在课堂上感到自己不能真正参与其中时。

2）对自己所取得的成就不能给予高度评价时。

3）在课堂上认为自己不聪明时。

4）认为自己做不好时。

以上情境中都有一个关键词"不"，这会给孩子带来强烈的无能感。如果孩子误以为自己没有能力，就会悲观地设想未来，难免心生凄凉、画地为牢。久而久之，孩子就会丧失毅力，难以做到持之以恒，早早地就知难而退了。

所以，面对他人的冷嘲热讽，抑或是来自内心深处的自我否定，所有人首先应该做的就是"拾起"自我价值。没有毅力，凭什么挑战满分？不相信自己，怎么能挑战第一名？即使是成绩倒数第一的孩子，如果确信自身的优点，也可以迎难而上、重振旗鼓。即使学习不是孩子最终的归宿，他也能在努力挑战的过程中，找到自己的热爱。

自豪感是努力奋斗的基础。因此，孩子平时应该反复练习"肯

---

① studentsatthecenterhub.org "On Perseverance in the Classroom"

120

定自己"，学会评价自身的优点，从而获得自豪感。父母还可以这样引导孩子：

> "你很优秀，你要爱自己，为自己加油打气。"
>
> "因为你付出努力了，所以你在妈妈心里就是最棒的，你应该为自己感到骄傲。"
>
> "难道你不知道吗？你做事一直都那么有条理呀！"

爸爸的暖心话能激励孩子

"你是对的，爸爸支持你。"

　　孩子一出生便在妈妈温暖的怀抱里；蹒跚学步时，妈妈的一句鼓励可以唤起孩子奋力前行的勇气。反之，妈妈若对孩子漠不关心甚至冷酷无情，孩子则会感到不幸，那份探索世界的热情也会被浇灭。由此可见，妈妈的态度对孩子的心灵和大脑的影响不容小觑。不仅如此，妈妈的角色在提高孩子的幸福指数和学习成绩方面也发挥着很大作用。

　　妈妈的话语能给孩子带来幸福。那么，爸爸在孩子的学习生活中扮演什么样的角色呢？人们印象中的父亲大多是严厉的，平时在子女犯错时会训诫斥责。虽然目前对这个问题的研究并不多，但我们还是找到了一份相关研究。其结果表明，父爱同样能提高子女的学习成绩和幸福感，父亲的职责绝不是大家所认为的严厉管教那样简单。

　　美国德克萨斯大学玛丽安妮·苏伊佐教授于 2012 年在《性别角

色（Sex Roles）》学术杂志发表的一篇论文中指出，[①]温暖诚挚的父爱是提高孩子学习成绩的重要因素。玛丽安妮·苏伊佐教授以 183 名 13 岁左右的学生为对象进行了相关研究，并得出结论：温暖的父爱对年幼的孩子具有特殊的力量，父爱可以引导孩子乐观向上、激发孩子的好胜心。不仅如此，父爱还可以帮助十几岁的女儿提高数学成绩，十几岁的儿子提高语文成绩。

爸爸的一句安慰或是认可的话语就能成为孩子内心深处一道耀眼的光芒，点亮他的整个世界。孩子获得了充足的父爱，以积极正面的眼光来看待自己和他人，自然就会拥有乐观的性格。

此外，父爱还能提高孩子的成就意识。这一研究结果非常吸引我。不难理解，如果日常父子间能够做到互相尊重，那么孩子在潜意识里就会感知到"我有资格拥有更美好的事物"。因此，无论是学习成绩，还是人际关系，孩子都愿意去努力争取、悉心经营。

最为有趣的事实是，父爱会因孩子的性别不同对其学业产生不同影响。据玛丽安妮·苏伊佐教授的研究结果显示，父爱能提高女孩的数学成绩和男孩的语文成绩。虽然此结论并非板上钉钉，我们不能忽略文化因素和个体差异，但父爱能直接影响子女的学习成绩这一点不容我们忽视。

不仅如此，这项研究还表明，爸爸是否具有高学历并不重要。举个例子，我的一位美国华人朋友，为人宽和，家里的氛围也很温

[①] *The Unique Effects of Fathers' Warmth on Adolescents' Positive Beliefs and Behaviors: Pathways to Resilience in Low-Income Families*

馨。虽然他英语水平有限，无法对孩子学业提供实际帮助，但他的孩子的学习成绩依旧名列前茅。另外，爸爸的经济实力也不重要。只要孩子成长过程中常伴父爱，他们完全可以学业有成。

父爱无言，但其实爸爸也会有很多心里话想对孩子说，也会迫不及待地想要将自己所有的经验以及从中获得的心得传授给孩子。我们夫妻俩都认为，亲子间充满爱意的谈心时光特别重要。

那么，爸爸应该对孩子说什么呢？其实，只要怀着理解尊重的心态，父爱自然能通过语言表露出来：

"我相信我的儿子（女儿）。"

"爸爸非常爱你。"

"不要担心。无论发生什么情况，爸爸都会一直支持你。"

"你是对的，爸爸支持你。"

"看到你们，爸爸就会感到幸福。"

"别怕！大胆去尝试你觉得对的事情，爸爸一直在你身后。"

"你认真的样子也在激励着爸爸努力工作。"

抚慰孩子心灵的
父母语言习惯

"即使你再怎么担忧，也无法掌控未来，还把今天的快乐赔了进去。"

"你所担心的绝大部分事情其实都不会发生。"

"如果有什么担心的事情，你可以先在笔记本上记下来，等过一段时间再去考虑。"

"别一有什么事就开始烦恼，可以把所有烦恼集中到晚上七点一并考虑，怎么样？"

"是的，你说得没错，爸爸妈妈尊重你的想法。"

"爸爸妈妈相亲相爱，当然我们也爱你。"

"一分一秒也不要为讨厌的人而浪费。"

"真了不起，你应该为自己感到自豪。"

"不要那么在意他人的评价，你的自我满足最重要。"

"考试考得好，你应该表扬一下自己吧。"

"不要担心。无论发生什么情况，爸爸都会一直支持你。"

拉近孩子与遥远目标的距离

我们应该引导孩子在保持平常心态的同时，心存忧患意识，让孩子既满足于现状，又不安于现状，进而唤醒孩子善意竞争的意识。虽然父母不应该给孩子增添焦虑，但是也不能无底线放纵孩子。因为在残酷的竞争社会中，没有"武器"的孩子很容易被淘汰。

帮助孩子同时确立精熟目标和绩效目标

"力争努力第一而非成绩第一。"

教育专家将目标分为"精熟目标（mastery goal）"和"绩效目标（performance goal）"。想必大家和我一样，初次接触到这些概念时会不知所云。但是经过仔细研究学习，我终于理解了其中的含义。

精熟目标的对象是熟练工。熟练工需要掌握的技术即可称为精熟目标。熟练工亦指技术工人，是指熟练掌握某项技术、擅长某项工作的技术人员。在此可指代那些勇于接触新的英语语法和数学原理等知识并享受将其熟练运用的学生。

而另一部分学生并不享受学习本身，只是希望打败竞争者，获得父母的认可，为了炫耀成绩而学习。他们掌握英语语法、数学原理的目的也往往是想要获得第一名、考试得 100 分、拿 A 学分等。这类学生的目标趋向于绩效目标。

通常，父母的语言习惯会决定孩子的目标种类。"这次考试一定要拿第一名。"当父母对孩子这样说时，通常暗示他们需要赢得他人的认可和羡慕，这就是在强调绩效目标。相反，一些父母会鼓励孩子享受学习本身，引导孩子"名次并不重要，只要开开心心地努力学习就够了"，帮助他们确立精熟目标。

再举个简单的例子，"体重减少 10 公斤，才能变苗条。"这句话表示的是绩效目标，"别人的看法有那么重要吗？只要坚持运动，保持健康就好。"这句话强调的是精熟目标。更多的例子整理如下（见表 6）：

表 6　绩效目标和精熟目标的语言习惯

绩效目标的语言习惯	精熟目标的语言习惯
我一定要拿全班第一。	这次一定要比上次考得好。
我要比别人做得快。	根据我自己的进度慢慢来。
我要再减5公斤，变得更瘦。	我要坚持一周运动3次，变得更健康。
这次成绩不错，我很满意。	这次付出了很多努力，我为自己高兴。

通过对比，我们可以更直观地看出精熟目标和绩效目标的差别。我们夫妻都认为精熟目标相对来说更有益处。令我们高兴的是，大部分教育专家也持有相同观点。他们强调父母需要帮助孩子确立精熟目标的理由很简单——精熟目标对孩子未来的成长发展更有利。

考试像是跑马拉松，孩子身上若是抛弃了必须得第一或拿满分的"负重感"，与之而来的轻松心理状态和日益增强的意志力，将帮助他们取得更好的成绩。孩子一旦确立精熟目标，积极向上的好心态还会让他们坚信失败乃成功之母、胜利的曙光就在前方。因此，从长远的角度看，父母帮助孩子确立精熟目标可以提高他们获得成功的可能性。

与之相反，绩效目标对孩子弊大于利。我常听说那些过分执着于名次或分数的孩子因担心自己被别人比下去，在复习期间战战兢兢、坐立不安。这类孩子也是不幸的，因为当他们惨遭失败后，更容易一蹶不振、痛苦不堪，不敢面对接下来的挑战。因此，从长远的角度看，如果孩子总是抱有绩效目标，未来成功的可能性则会比较低。我们不难发现，精熟目标与内部动机、成长型心态、意志力是相关联的，而绩效目标与外部动机、固定型心态有关。

可能有些父母会产生疑惑："比起绩效目标，孩子更需要精熟目标。但是让孩子拿第一名，真的等于是把孩子推进不幸的深渊吗？"

这个问题确实不好回答。事实上，绩效目标的确立很有可能会加速孩子学习成绩的提高。如果孩子强烈渴望获得第一名，并以"第一名"为目标来鞭策自己，那么即使一次考试拿不了第一名，排名也会有一定程度的上升。又好比如果孩子迫切想要获得100分，那么即使拿不到100分，至少也能拿个80分。孩子以绩效为目标显然是有效率的，这与体育选手为了在奥运会上赢得金牌刻苦训练数年是同一个道理。

良好的开端是成功的一半。假设孩子本学期学习成绩不理想，那么下学期他极易因为学习量变大、学习进度变快而被同学远远"抛"在身后。况且，眼下的教育现状令很多父母感到焦虑，如果孩子平时学业不佳，难以赶上优秀同学的步伐，那么他很有可能会与重点大学失之交臂。在这种情况下，我们无法做到若无其事地对孩子说："没关系，你不用在意成绩，只要能感受到学习的喜悦就行了，慢慢来。"

因此，我认为，父母仅仅引导孩子确立精熟目标的想法有些过于理想，作为父母的我们需要立足于现实，没有必要采纳教育专家的所有建议。

在经过多次实践后，我们夫妻俩最终采取了双管齐下的"作战计划"，那就是引导孩子同时追求精熟目标和绩效目标。尽管同时追求两种目标显得有些矛盾，但是我们仍不厌其烦地鼓励孩子：

> 1）"这次考试一定要尝试拿第一名！"
> 2）"力争努力第一而非成绩第一，不要在乎结果，只要付出相应的努力就足够了。"

我们会根据孩子不同的学习状态，给予不同的"指令"。如果孩子的学习状态松懈散漫，我们就说第一句话，给他营造一种紧迫的氛围。如果孩子表现出压力过大，我们就说第二句话来安抚孩子的情绪。虽然这样说会显得父母没有遵守一贯性的原则，但由于处在学业的重要阶段，孩子根本没有时间去寻找学习的意义、思考远大的理想，所以同时追求精熟目标和绩效目标也是可以尝试的。

细数那些年我们鼓励孩子的经历，我们不仅要求他全力以赴取得最佳成绩，还希望他游刃有余地获得自我满足。下面是我们曾经说过的话：

> "你的目标是全班第一，但是能够对数学和英语科目产

生兴趣，也算是大获全胜。"

"咱们的目标是考上首尔大学，但是说实话，并非一定要考上首尔大学，上别的大学也能过得很幸福。可是，当下就以首尔大学为目标努力学习吧。"

"这次一定要考进前 5 名，但是就算排在第 6 名也并不意味着你的人生完蛋了。排名固然重要，但是也要享受复习的乐趣，认真准备考试就好。"

上述话语中，有时以考取第一名为目标，有时以享受学习乐趣为目标。我们将绩效目标和精熟目标同时提出来，确实有些矛盾，但仔细想想其实也不难理解，我们只是想让孩子在感到幸福的同时，变得越来越好而已。

父母的使命之一就是引导孩子同时保持危机感和平常心，让他们既满足于现状，又不安于现状，进而唤醒孩子善意竞争的意识。虽然我们不应该给孩子增添焦虑，但也不能无底线放纵孩子。我们不愿意欺骗孩子：竞争、成功、荣誉是不值得追逐的，唯有自我满足、幸福感才有价值；更没有勇气向孩子承诺：不用在意成绩和分数，享受学习的乐趣就足够了。因为在残酷且充满矛盾的竞争社会中，没有"武器"的孩子终将会被淘汰。

引导孩子每天都迎来小成功

"有所进步便是胜利。"

"今天用功学习了吗？"看着放学回家整理书包的孩子，我既好奇又感到难为情地问道。或许极少数乖巧的孩子会回答："当然，为了报答父母的爱，为了实现我的梦想，今天依然用功学习了。"但大部分孩子应该都和我家孩子一样搪塞过去，或敷衍地以噘嘴皱眉来代替回答。

既然孩子不想回答，那么父母也没必要再三追问。但是我想大部分的父母应该和我一样，始终会对这个问题感到好奇。这时，大家不妨试试下面推荐的这个方法，那就是父母换一个提问的方式。

要想正确使用这个方法，我们需要跟孩子重新定义一下"成功"和"胜利"的概念。首先，我们重新定义一下什么是"成功"。20世纪初期的美国作家罗伯特·科利尔曾说过：

"成功就是每天不断重复努力的总和。"

这句名言可太适合孩子了。绳锯木断，日进有功。成功的两个要素便是持之以恒的毅力和看似微不足道的努力。我们可以告诉孩子：

> "成功并非遥不可及，只要今天继续像昨天一样，坚持付出小小的努力，那么今天就可以称之为成功的一天。"
>
> "并不是让你学多长时间，付出多大努力。就算是一点一滴的努力，只要付出了，那就是成功的，那么这一天就算是成功的一天，你认为呢？"

"一点一滴的努力"会显得成功更加具有可行性。比起父母常常唠叨的"用功学习"来说，成功多了明确的标准和尺度，孩子也容易接受付出小小的努力也是一种成功的事实，那么回答这个问题也会轻松无压力。因此，我们可以放心地询问孩子：

> "今天你度过成功的一天了吗？"
>
> "今天你成功了吗？"
>
> "今天也是成功的一天吗？"

哪怕当天只付出了一点努力，孩子也会回答"是的"。随着回答"是的"的次数越来越多，他们的整体实力自然也会逐渐提高。

接着，我们重新定义一下什么是"胜利"。美国著名速滑运动员邦妮·布莱尔曾这样说过：

"胜利不仅仅意味着得第一名，如果有所进步，那么便是胜利。"

这听起来很酷，事实也确实如此。如果今天比昨天付出了更多的努力，那么今天就是成功的。如果今天的我比昨天的我更加优秀，那么今天的我就是胜利者。其实，我们都可以成为善解人意的爸爸妈妈，试着在临睡前用温和的语气询问或鼓励孩子：

> "你今天胜利了吗？"
> "今天是胜利的一天吗？"
> "宝贝，别太贪心，今天只需比昨天多迈出一小步就可以了！"

如此，孩子也会处于心情舒畅的状态，怀着对父母的感激之情，更加积极地投入学习之中。

当孩子自信地说出"我胜利了，今天比昨天成功"，那他取得理想的学习成绩也就指日可待了。

在孩子年纪尚小的时候，父母经常强调"小成功"的重要性效果会更佳。美国教育专家米歇尔·博芭博士在个人网站（micheleborba.com）上列举了如下事例：

一位妈妈平时总是教导孩子，成功没什么大不了的。米歇尔·博芭博士在博文中写道："这位妈妈告诉孩子成功的真正概念是'改善'，就算他只改善了一丁点儿，也算是成功。这是非常明智的教诲。"

父母需要告诉孩子，每天小小的改善和进步即是"成功"。我们可以在孩子年幼时便经常强调"小成功"的重要性，这会让孩子获得更多积极的影响。

另外，这位妈妈还引导自己的孩子从小养成写"成功笔记"的良好习惯。孩子写成功笔记的频率至少每周1次，采用图文形式，写下有关自己本周所取得的进步和已经改善的方面。通过写成功笔记，孩子逐渐培养起了自信心，坚信自己无论遇到怎样的挑战都能勇敢面对。

成功不可能一蹴而就。我们需要告诉孩子，微小的进步也属于真正的成功。如此，帮助孩子将目标具体化，孩子便会感到舒心自在，亲子间的沟通机会自然也会增加。

提醒孩子别在没必要的事上耗费精力

"接受称赞，无视嘲笑！"

我们的孩子鲜少情绪失控，印象最深的是他上初中二年级时，因为期中测试成绩不好而号啕大哭。平时，他自认为考试发挥良好的时候便会很得意，但如果分数不太理想，他就哭得撕心裂肺。孩子的哭声使我们夫妻心烦意乱，我们也会跟着孩子一起难过，生怕他掉进绝望的深渊。几天后，我们问孩子：

A："那天你为什么哭得那么厉害？"

B："因为考试没考好。"

A："考试一定要考好吗？"

B："当然了，否则考不上好大学，而且不好意思见人啊。"

A："不好意思见谁呢？"

B："老师和同学们啊，成绩不好是很没面子的。"

这个竞争的社会很残酷，孩子也有孩子的烦恼。小小的他们早早地就会因为学习成绩不好而遭受外界的"攻击"。因此，许多心智不成熟的孩子经常会为了获得父母、老师和同学的称赞而努力学习，过于在意周围人的眼光和评价。他们渴望听到类似"你学习太棒了"的称赞，因为他们认为如果学习成绩不好就会被他人轻视。

我们的孩子也对他人的评价很敏感，就算是与他最亲近的我们问他问题，他也不会轻易作答，除非他确信自己知晓正确答案。在老师和同学面前，他更爱深思熟虑，如果没有十足的把握，对一些问题是不会轻易开口回答的。他曾经在初中上阅读补习班时，常常连着好几节课都沉默寡言。

我猜，孩子是因为过于畏惧错误回答带来的负面影响，他不想让老师和同学因此对自己感到失望。写到这里，想到孩子默默承受着巨大的心理压力，我还是会感到很自责。

我们在前文提到过目标分为精熟目标和绩效目标两种。精熟目标意味着熟练掌握某种技能。例如，一名学生在学习掌握英语语法或数学题解题技巧时，能感到喜悦和成就感，也就是享受学习本身的快乐，这就是他为自己设立了精熟目标的结果。而拥有绩效目标的孩子希望将自己的成果展示给别人看，并得到他人的好评，就像歌手或艺术家的表演是供观众欣赏的。

可见，我们的孩子追求的是绩效目标，他渴望获得认可和尊重。我们夫妻俩为此苦恼不已，因为过度在意他人的评价其实是一种不幸。终于在某一天，我们鼓起勇气开口对他说：

"学习并不是为了讨好别人，而是为了你自己的幸福。"

"不管是有人夸你学习好，还是嘲笑你学习差，都不要太放在心上。"

谁知，孩子听完后竟然无动于衷。我们反思过后，意识到上述话语或许过于理想主义，脱离了实际，不能激起孩子内心的共鸣。的确，他人的评价也很重要，但现实生活中，我们不可能完全忽略周围人的眼光。

因此，我们开始强调，要选择性地听取他人的评价，称赞可以接受，嘲笑则无须在意。如果无法完全忽视他人的评价，那么尽可能多地关注正面评价，这才是对自己最有利的做法。除此以外，我们想不出更好的方法了。"良药苦口利于病，忠言逆耳利于行。"对孩子来说，这样的劝说未必有效，所以我们选择像下面这样鼓励孩子：

"你要为了获得第一名而努力，到时候别人会为你鼓掌喝彩，你可以尽情享受成功的喜悦。但是，即使你没能获得第一名，也不要因此而感到羞愧，更没有必要担心会被轻视或嘲笑。你只需要接受称赞，无视嘲笑。"

"其实，不管是第一名还是倒数第一名，周围总是会有一些闲言碎语。我们没有那么多精力对所有声音一一做出反应。所以，我们需要'选择性倾听'。"

让孩子学会选择性倾听有利于提高他的学习成绩。因为接受称赞、无视嘲笑，可以防止孩子为没有必要的事耗费精力，将节省下来的精力用于学习的话，孩子的学习成绩自然会有所提高。

时常需要给孩子树立抽象目标

"成为一个很帅气的人吧！"

"这次一定要拿第一名！""下次考个 100 分！"我也常幻想孩子获得高分，站上领奖台时的情景。但我如果经常直接向孩子表达这一心愿，可能会给他增添很大的心理压力，甚至会让他心生反抗。虽然这是由衷的希望，但我们可以用间接的表达方式来鼓励孩子提高学习成绩，例如，"全力以赴才行""即使成绩没有提高也没关系，只要努力了就好"。

这可能是很多父母经常会说的话语，充满着正能量。但如果总这么说，孩子可能会觉得单调枯燥。我们不如尝试"成为最帅气的那个人吧！"这样的表达方式，效果可能会更好。

在美国斯坦福大学教授"创新精神与企业家精神"课程的蒂娜·希利格教授在一家媒体上刊登的一篇文章中表示，[1] 她绝不会对

---

[1]　medium.com "Teaching—It's about Inspiration, Not Information"

学生说："你得考 A 等级。"而是会鼓励学生说：

"抓住一切机会成为一个帅气的人。"

因为，这一抽象目标可以大大调动学生的主观能动性，促使他们努力学习。父母也可以对孩子说类似的话，尽管"考上 A 大学""考 90 分以上"等具体目标也是非常有必要的，但是有时，抽象目标更容易让孩子燃起斗志。我们可以尝试这样说：

> "与其拿第一名，不如成为一个帅气的人，成为一个快乐学习、潇洒生活的孩子。"
>
> "你认为什么样的人最帅气？不就是那些不畏失败、反复挑战的人嘛？"
>
> "你认为什么样的学生是有魅力的学生？考满分的学生吗？我不这么认为，妈妈觉得上课认真听讲，回家按时写作业的孩子就是有魅力的，就是最棒的。"
>
> "有勇气的人生才是美好的，对于有些问题不知道答案没关系，擅于请教别人的人最有魅力。还有，战胜心中的恐惧、不断挑战的人最棒了，爸爸是这么认为的。"

总而言之，父母只需用"帅气""有魅力""闪闪发光"等灵活的词语来代替"100 分"这一死板的目标。死板的目标会让孩子的意志消沉，而"成为帅气的人吧"这样的说法却可以让孩子热血沸腾。我们还可以这么说：

　　"既然你已经付出了足够多的努力，那么你就是一个优秀的孩子。"

　　"全神贯注，全力以赴吧！没有比这个更酷的事情了。"

　　"考不了 100 分也不要紧，就勇敢挑战一下吧！勇于挑战的人生才有趣呀！"

启发暂时没有任何目标的孩子

"过好充实的今天!"

青少年时期的我也曾认为制订人生目标太难了。该读哪所大学，该从事什么职业……这些疑问和烦恼接踵而至。随着年龄的递增，虽然如今我偶尔也会有失去目标感的时候，但比起年幼时的彷徨失措，我学会了先认真完成分内事，每天把该做的事情做好。

有时，看着我的孩子同样的迷失目标、彷徨不已的状态，我会建议他先把该做的事情做好，直到目标出现。下面是我们曾对孩子说过的一句话：

> "你还没有目标吗？这确实有些糟糕！不如先照样认真学习吧！"

就算孩子还没有找到未来的梦想，我们也不能任其不思进取。父母需要稳定孩子的内心，真诚地告诉孩子：

> "大人们有时候也会暂时失去目标，但每天还是会做好该做的事情。就算你还没有找到未来的梦想，也不能不完成今天的作业。对不对？"

与其说"你要设定目标"，倒不如说"目标并不是必需的"。这样的说法不仅是站在孩子的角度思考，而且还会给孩子留下深刻的印象。

虽然有理想、有目标的孩子会更发自内心地去努力学习，但人并非必须拥有明确而宏伟的目标才能走向成功。现实生活中，很多人无暇设定目标，只顾埋头苦干，不知不觉中也会成就一番事业。

一名美国的英语教师曾在他运营的博客"奥斯马的长号（Othmar's Trombone）"里上传过一篇有趣的文章。[①] 这篇文章讲述了一位身材瘦小的日本青年在 12 分钟内吃完五十个热狗，创下世界纪录的故事。

我不禁疑惑，这位小个子青年是如何做到的呢？他在挑战纪录的时候心里都在想什么呢？翻至文末，只见青年在采访中表明"我当时没有任何想法"。

据其所说，他在挑战的过程中只想着赶快吃掉眼前的热狗，头脑中并没有刷新世界纪录的目标。一个，两个，三个……如此专心致志，最终创造了奇迹。

---

① othmarstrombone.wordpress.com "How to eat 50 hot dogs in 12 minutes and why setting targets may hold back progress"

介绍这一事例的教师在博客中强调了"制订目标"的消极性。过于远大的目标往往会伴随着沉重的压迫感，难免会让人在做事时怀揣"万一实现不了目标该怎么办"的焦虑情绪，甚至阻碍个人的未来发展。因此，我们不妨转换思路，选择"毫无目的"地埋头前进，专注于眼前的事情。相比一味着眼于遥远的目标，这样更能帮助我们超越个人的极限。恰如登山者只为欣赏风景，一步一个脚印地攀爬，坚持向前走，不知不觉间就登上了山顶。

　　因此，如果孩子目前抱怨实在定不下目标，我们也不必担心，只需告诉他们，没有目标的人生也照样精彩，只要每个人能保证做好眼前的事情就行了：

> "没有目标也不要紧，只要过好充实的今天，目标以后肯定会有的。"
>
> "并非有目标才能学习好，只要每天认真学习，就能提高学习成绩。"

　　其实，若我们将"孩子无法树立目标"这个问题进行层层剖析，不难挖掘出其中的深层原因是孩子对失败的恐惧。我们的孩子也曾向我们透露过这种不安的情绪："为了实现目标，我拼命努力，但万一实现不了怎么办呢？"我们夫妻俩苦思冥想，本想借用"如果你迫切渴望实现目标，那么目标肯定会实现"这样的话来安慰他，但最终还是决定对孩子坦诚相告：

"不要担心万一目标不能实现该怎么办。告诉你一个秘密，事实上，大部分人都无法实现自己的目标。不仅是爸爸、妈妈、老师，就连爱因斯坦和乔布斯这样伟大的人物或许也有没能实现的梦想。你只要把目标一直放在心中就足够了，因为在追求梦想的过程中，你每天都在成长。"

　　"如果你暂时无法设定目标，那么也不要太过执着于寻找目标，最重要的是充实地过好每一天。如果每一天都能过得很充实，那么很多问题都会迎刃而解，梦想也迟早会萌芽。"

　　"我们根本不需要担心目标无法实现该怎么办，因为在追寻梦想的过程中，每日的成长已是你的收获。"

帮助孩子实现目标的
父母语言习惯

"力争努力第一而非成绩第一，不要在乎结果，只要付出相应的努力就足够了。"

"上别的大学也能过得很幸福，可是，当下就以韩国首尔大学为目标努力学习吧。"

"能够对英语科目产生兴趣，也算是大获全胜。"

"胜利不仅仅意味着获得第一名。如果有所进步，那便是胜利。"

"学习并不是为了讨好别人，而是为了你自己的幸福。"

"你认为什么样的人最帅气呢？不就是那些不畏失败反复挑战的人嘛？"

"你认为考满分的学生最棒吗？但妈妈认为上课认真听讲、回家按时写作业的孩子就是最棒的。"

"把目标一直放在心中就足够了，因为在追求梦想的过程中，你每天都会成长。"

语言习惯

7

指导孩子全心专注于学习

一个人关注的事情越少，越心无旁骛。在日常生活中，人们多多少少都会关心外表、人际关系、游戏、电视节目、偶像等琐事。就算是天才，如果不减少对外界信息的过度关心，也无法只专注于学业。因此，我们要尽力劝告孩子平时少关注学习之外的事情。

提升孩子的注意力

"心有杂念时大声呐喊吧!"

若孩子在学习时无法做到集中注意力,在学业上必然会受挫。美国某位高尔夫选手曾说过,我们的专注力来源于自信和渴望。一个人若对生活无欲无求,很大程度上将无法用心做事。一个人若缺乏自信,则会心生畏怯,更不可能专心坚持做一件事了。

因此,我们在帮助孩子培养自信心的同时,更需要激发他们内心对学习的渴望。常言道,饱受干渴之苦的人必会努力挖井。我们认为,内心的渴望比自信更为重要。大家可以仔细体会一下"渴望"这个词,在词义上它是指迫切地希望,这将会给孩子带来无穷的内驱力。

例如,我们夫妻想重点培养孩子"专注于最重要的事"的好习惯,于是我自孩子幼儿园起便叮嘱他:"开始学习之前,你要对自己提出几个疑问,对我来说什么最重要?我最需要什么?我渴望得到什么?待找到答案后,你再着手学习。"

当孩子学会比较不同事件的重要性后，我们可以接着帮助他在专注力这方面进行提升。我常对孩子说：

> 　　"打个比方，你喜欢的人恰好在面前的一百个人中，这时你的视线肯定会集中在她一个人身上，她的脸庞和灿烂的微笑会瞬间映入你的眼帘，而其余九十九个人就像突然蒸发了一样。同理，当你聚精会神地把目标锁定在最重要的事情上时，专注力自然会得到提升。所以，你不如在脑海中准备一个橡皮擦，及时擦掉那些不重要的事情，只留下最重要的那件事。"

　　没错，孩子若想要把专注力提高到最佳水平，他们必须在当下只考虑一个问题。这样才能心无旁骛，静心学习。但是在这个信息横流的时代，人们多多少少都会关心外表、人际关系、游戏、电视节目、偶像等琐事。如果孩子实在做不到专注于一件事情，那么就尽量引导孩子将关心的事减半吧。YouTube"大峙洞城堡"的账号里，曾有一个题为"让专注力加倍的小秘密"的视频中也曾发表过同样的言论：

> 　　"如果你想要专注力加倍，那么就必须减少一半关注的事情。"

　　我们认为这个建议非常好，特别是对于处在学业关键期的高中生而言，就算是天才，如果不减少对外界信息的过度关心，也无法只专注于学业。因此，我们要尽力劝告孩子平时少关注学习之外的事情。

我们不妨建议孩子记录下所有"影响专注力的事情"。方法很简单，在书桌上贴一张便签，每次当自己胡思乱想或离开书桌时就在便签上画一颗星星。星星数量越多，就代表着专注力越弱。如此，孩子能够直观地判断自己的专注力水平。父母还可以引导孩子进行"消灭星星数量"的练习，和他一起见证星星数量越来越少的过程。

此外，教育心理学家多琳达·兰伯特博士曾在美国堪萨斯州立大学网站推荐过一个训练专注力的好方法——"此时此刻我在这里（Be here now）"换气法。[①]

请大家想象一下，现在我们一起重返校园，倾听着老师的讲义，听着听着注意力慢慢分散了，脑海中浮现出今天回家要写的作业、昨天晚上看的电视剧、下周三的期中考试……这时，我们急需发出命令，召回分散的注意力。请和我一起在心中大声呐喊："此时此刻我在这里！"这句带有魔力的话可以让分散的注意力重新集中起来。

各位感觉如何呢？我们可以告诉孩子这个方法。无论身处于读书、写作业、上课等任何场景，一旦他们脑海中产生杂念、开始走神，就让他尝试和上文一样大声喊出："此时此刻我在这里！"甚至孩子平时乘电梯、坐公交车、走在人行道上时，都可以反复默念这句话来有效地提升专注力。

另外，据多琳达·兰伯特博士介绍，大部分人在一天内注意力

---

① www.k-state.edu/counseling Improving Your Concentration

的分散次数有数十次，有些人甚至多达数百次。因此，孩子刚接触这个方法时，需要在一天内反复默念数十次，一般几周内便会看到效果。

这个方法源自于"正念"——集中注意力，专注于当下。孩子经常进行这样的正念练习有助于消除忧虑，减轻压力，让内心变得清净，增强幸福感。

所以说，孩子专注力的提升不仅有助于提高孩子的学习成绩，还可以减少学习压力。孩子如果能在学习过程中做到心静如水地集中注意力，那么就不会受到任何杂念和负面压力的干扰。这也是学习专注的孩子在心理上更加健康的原因。我们可以直接把这个事实传达给孩子：

> "集中注意力不仅可以让你提高学习成绩，还能让你忘记烦恼、告别负面压力，让你的内心更加自在。"

训练年幼孩子的注意力

"我们一起听歌词，猜歌名吧。"

大家觉得成绩和专注力哪个因素对孩子未来的学业更重要呢？

2013 年在美国发表过一篇备受关注的论文，[1] 研究人员对此进行了相关实验。他们分别对照追踪了"数学和语文科目分数较高"的学龄前儿童和"学习时专注力较强"的学龄前儿童的成长轨迹，发现后者在 25 岁时大学毕业的概率更高（具体数据高达 48.7%）。因此得出结论，相比小时候学习成绩优秀的孩子，专注力较高的孩子完成学业的概率更高。

如果孩子的专注力较差，那么他的学习效率就不会高，学业完成度自然也就会低下。显然，专注力对孩子学业起到了举足轻重的作用。

令人惊喜的是，孩子的专注力是可以培养出来的，而且孩子年

---

[1] *Relations between Preschool Attention Span-Persistence and Age 25 Educational Outcomes*

龄越小，能够培养专注力的机会越多，成功率也越高。在此，给大家介绍一下美国儿童精神研究所杰米·霍华德博士提出过一个简单实用的方法。[①]

父母可以通过"提问"的方式提高孩子的专注力。一开始，我们可以先挑选几本内容轻松有趣的、阅读时长较短的、容易引起孩子兴趣的故事书来提简单问题。例如，我们可以这样说：

> "这本书讲的是一只小猫咪的故事，你最喜欢小猫咪了对不对？从现在开始计时15分钟，你一边读这本书，一边在书中找出有趣的内容，记在本子上。一会讲给妈妈听好吗？"

孩子若不喜欢动笔，我们也可以让他们尝试口述，通过短时间内集中注意力进行阅读与速记的训练。若孩子对此颇感兴趣，我们可以进一步让他们尝试阅读科学或文学领域的书籍。除了书籍，歌曲也可以运用于专注力训练。例如，我们不妨向孩子提议：

> "先来听一段歌词，然后猜猜歌曲名，怎么样？"

然后播放提前准备好的孩子听过的歌曲。为了听清歌词，他会在短时间内高度集中注意力，这样可以训练到孩子的听觉注意力。需要提醒大家的是，在训练孩子注意力的过程中，我们一定要及时表达

[①]　www.pbs.org"Tips for Helping Your Child Focus and Concentrate"

赞赏之意。对孩子来说，父母的笑容是最宝贵的奖赏和鼓励。

杰米·霍华德博士还提到了两个注意事项。一是父母想要提高孩子的专注力，就不能忽略告诉孩子"做事情要分步骤"这个细节。举个例子，我们在教孩子系鞋带时，最快的方式就是将系鞋带的过程分成几个步骤，再分步骤给孩子进行演示。如果一开始就将这个难题甩给孩子，会让孩子心生畏怯，反而达不到训练的目的。二是父母发出的指令必须是简单明确的，如果一次发出多个指令，孩子的注意力自然不会集中。

此外，英国儿童心理学家理查德·伍尔夫森博士指出："进行专注力训练时，在设定目标方面需要注意一些问题。"①

首先，父母必须设定孩子能够实现的目标。假设孩子做到了"集中注意力5分钟"这件事，我们需要让孩子放松下来进行休息，而不是当下就给孩子增加集中注意力的时间。当然，父母可以日后逐渐延长孩子集中注意力的目标时间。

其次，父母只有抛下执念，才能成功带领孩子提高专注力。即使现在孩子的专注力较弱，日后也会有显著提高的可能。我们不能因为专注力对孩子的学习很重要，便过分执着于训练的结果，将焦虑、不安、担忧的情绪传递给他们。况且，孩子有可能在我们根本预料不到的领域表现出感兴趣、高度集中注意力的情况。父母的过度焦虑反而会妨碍孩子提高专注力的自然进程。

---

① www.youngparents.com.sg"8 ways to help your child focus and pay attention during homework time"

引导孩子提高学习效率

"你要在短时间内专心学习！"

"专注"是指专心致志、集中注意力做事的一种状态。这说起来很简单，做起来却不容易。因为，我们的注意力极易受到大脑中各种杂念的干扰。对学生而言，如果无法做到专注，那么无论他们学习时间有多长、感觉有多辛苦，也都是在做无用功。因此，我们必须引导孩子学会集中注意力。

我们夫妻也曾为此使出浑身解数，或是亲切地说服："如果不集中注意力学习的话，之前辛辛苦苦付出的努力不就白费了吗？"或是严厉地要求孩子说："你一定要专心学习。"但是现在回想起来，这些软硬兼施的语言都没什么作用。功夫不负有心人，最终我们找到了能够帮助孩子提高专注力的最有效方法——运用计时器。我们可以尝试这样说：

> "用计时器定好学习时间，今天只学一个小时。"
>
> "千万不要一坐下来就学太长时间，我绝不赞成。"
>
> "我们定一个小时之内把作业写完。"
>
> "试想一下，1 小时后考试就要开始了。"

计时器的作用是限定孩子的学习时间，帮助他们在短时间内集中注意力完成作业。当我们和孩子权衡利弊，分析完"你在限定时间内专心学习后，剩下的时间就是自由时间"的好处后，想必孩子也会举双手赞成。

当然，我们限定学习时间的目的并不在于禁止孩子长时间学习，而在于培养他们在短时间内集中学习的习惯。因此，如果孩子想要继续看书复习也是可以的。当然如果孩子在限定时间结束后不再继续学习了，我们就要遵守约定，不多赘言，让孩子安心休息。

根据我个人的经验，这个方法似乎对高年级小学生和低年级初中生很有效果。等到孩子年龄渐长后，我们还可以适当改变说辞：

> "有一位律师在备考司法考试的时候真的是拼尽了全力。他在学习的时候，会想象自己在悬崖峭壁上，如果没有背下来重要的内容，就会掉下去。像这样下定决心，学习的专注度就会迅速提高。"
>
> "想象一下，如果你在半小时以内背不下来的话，地球就会爆炸。"

地球爆炸、从悬崖上坠落……虽然这样的假设缺乏真实感，但确实有传达紧迫感的作用。我们经常在末日题材惊悚电影里，感受到不同角色在生死攸关之际爆发出的强烈求生欲。人因为畏惧死亡，自然会在极端条件下集中精力拼劲全力求生。同理，我们在短时间内需要完成高密度学习任务时，也需要有超级英雄那种竭尽全力阻止地球毁灭的心境。

全孝真律师曾经在视频"顺利通过公务员考试的全孝真老师独家秘笈"中建议各位考生：

> "公务员考试也好，司法考试也好，大家备考某种考试时，必须定一个备考期限。"

因为各种因素，全律师只有一年的时间准备司法考试。在那段时间内，她几乎未和亲友见面玩耍，她甚至抱着不惜失去所有人际关系的心态埋头苦读，将所有时间和精力全部投入到学习中。全孝真律师强调，学生只有满怀"短时间内全力以赴"的想法才能提高专注力，才更有可能成功。而那种不紧不慢，认为"总有一天能考上吧"的想法非常荼毒人心。

我们在工作后，时常会回忆青涩的校园时光，怀念自己的学生身份。学习时间本就是有限的，父母需要帮助孩子认清这一事实。如果学习的过程使人过于痛苦，那么他们就更应该珍惜时间，提高学习效率，投入全部精力认真学习，尽快逃出令人痛苦的"学习地狱"。面对处于学生时代的孩子，父母可以提醒一句：

父母限定孩子的学习时间，并不是为了不让孩子长时间学习，而是为了培养孩子在短时间内专心学习的习惯。

> "集中注意力学习吧，这可能是最后一次机会了。"

全律师在视频最后提到，接到司法考试合格通知的当天，她听见隔壁一位女生因为没能通过司法考试而痛哭。面对落榜者的心酸，她更加笃定地认为自己的做法是正确的，并劝告各位备考学子：

> "不经历风雨怎能见到彩虹。为了一年后的恣意欢笑，我们就要用一整年时间痛苦度日。"

希望这样的故事也能警示到我们的孩子，激励他们砥砺前行。作为父母，我们也有必要告诫孩子：

> "只有付出过许多的努力，经历过许多的艰辛，才能笑到最后。"

帮助学习时无从下手的孩子

"只专注做一件事情就好。"

　　我家孩子刚读高中时，因为越来越复杂的学习科目和越来越繁重的学习任务，经常陷入混乱自卑的消极状态。若你的孩子此刻也在经历相同的困境，不妨和我一起重新唤起孩子对学习的热情，帮助他更好地集中注意力。当时，我通过讲述一些具有吸引力的名人故事来引起孩子的兴趣，引导他理解"只专注一件事"的重要性。下面是我对孩子说过的话：

　　　　"香港曾有一位著名的动作演员叫李小龙，他的武术实力精湛无比，只要他猛击对手的胸膛，对手就会被打飞，虽然李小龙身材瘦削，身高仅 1.72 米，却身手敏捷、动作凌厉，爆发力很强，不信你可以在网上搜索一下他的武术视频看看。李小龙曾说过这样的话：'最英勇的战士也是凡人，只不过他拥有激光般的专注力。'你也试着只专注做一件事情。当你把全部精力聚集在一处时，就可以发挥出难以想象的力量。相反，如果你把注意力分散到多处，力量自然会变弱。"

"你最近是不是像无头苍蝇一样，不知道该做什么？其实你无需感到迷茫，只要先选择你认为最重要的那件事情，然后集中注意力去做就可以了。暂时忘记其他事情，明白吗？"

我们有必要建议孩子学会集中精力只做一件事情，暂时忘掉其他事情。因为，当孩子眼前待做的事情数量"过载"时，他们很容易产生消极的心理。我们还可以尝试给孩子讲述 J.K. 罗琳的传奇故事：

"你知道《哈利·波特》的作者 J.K. 罗琳吧？虽然她现在拥有超过 1 兆韩元的巨额资产，但是她也曾穷困潦倒。离婚后，她穷得连女儿都养不起，每天都在绝望中挣扎，甚至怀疑自己能否过上正常人的生活。J.K. 罗琳最后是如何绝处逢生的呢？不妨听听她在美国哈佛大学演讲时说的话：'我开始把精力全部集中在对自己来说最重要的事情上。'当你面临多个问题时，你也可以只选择一个最重要的问题来集中解决，那么你也很快就能找到解决方案。"

"J.K. 罗琳倾尽全力撰写小说《哈利·波特》，最终成为了世界著名的畅销书作家。我希望你像她一样，学会选择最重要的问题，然后集中精力去解决。"

当孩子学会把精力集中在最重要的事情上后，问题成功解决的可能性也会大大提高。当问题被解决后，孩子的学习成绩自然也会提高。如此，孩子也将慢慢走出混乱的状态，重获平静舒适的内心。

"只专注做一件事情"的方法和我在前几节所提到的"如何提高孩子专注力"的方法"不谋而合"。我们还可以引导孩子采取制订计划的"老方法"来提高专注力。有时不得不承认，提高专注力的秘诀就在于同一时间只选择做一件事情的决断力。因为我们需要从众多事情中选出优先级最高的那件。

YouTube"医大学生钟根"频道的主人公也是保持专注力方面的好榜样。钟根曾在视频里分享了自己制订并遵从学习计划，最后实现目标的亲身经历。

高一时，钟根偶然间向老师透露了自己想成为一名医生的愿望。当时的钟根学习成绩平平，周围人对他的目标嗤之以鼻，但老师还是鼓励道："如果这次期中考试你能考到全校第一，那么这个目标还是有可能实现的。"听了老师的话，钟根发奋图强，决心向全校第一名冲刺，并制订了详细的学习计划。钟根经过思考，将计划侧重在调整学习时间方面，即钟根需要每天比之前全校成绩排名第一的同学少睡两个小时、多学两个小时。他把全部精力都用在了学习上，最终真的取得了全校第一的成绩。这个奇迹般的结果让老师和同学们都大吃一惊。

钟根的经历虽然存在着偶然性，但是也足够鼓舞人心。作为父母，我们一定要鼓励孩子设定专注目标，例如，我们可以这样说：

"孩子，设定本月的目标吧，一个就行。"

"今天的目标只有一个，这样你可以集中精力去实现它。"

　　"拥有激光般专注力的武术家李小龙，全身心投入撰写《哈利·波特》成为著名作家的 J.K. 罗琳，如果你也能像他们一样专注，妈妈相信你也可以收获属于自己的成功。"

帮助孩子提高专注力的
父母语言习惯

"提高专注力的方法就是专注于一件事，也就是把目标锁定在最重要的一件事情上，其他的都别考虑。"

"想让专注力加倍，就把关注的事情减少一半。"

"脑海中有杂念时，就大声喊'此时此刻我在这里'吧！"

"集中注意力不仅可以让你提高学习成绩，还能让你忘记烦恼、告别负面压力，达到心静如水。"

"用计时器定好学习时间，今天只学一个小时。"

"试想一下，1小时后考试就要开始了。"

"最成功的战士也是凡人，只不过他拥有激光般的专注力。"

"孩子，设定本月的目标吧，一个就行。"

8

协助孩子寻找有效的学习方法

反复阅读法的效果一叶蔽目。学生在阅读时习惯性反复把信息装进大脑里而忽略知识点的自查。要知道，我们需要储存和提取知识来形成完整的记忆过程。而孩子阅读的过程不包含记忆提取环节，他们的学习效果肯定不佳。

建议孩子尝试最有效的学习方法

"进行自测练习吧!"

学习习惯因人而异,何谓最有效的学习方法,我也无从得知。但众多心理学领域的研究学者一致认为,最有效的学习方法是"自测练习法(practice testing)",即学生从刚刚所学的内容里提炼出重要的知识点,自行出题、自问自答。

举个例子,我们可以引导孩子利用课间几分钟的时间好好消化上课所学内容,对自己进行认真提问。如此日积月累,可以让孩子的学习达到事半功倍的效果。父母可以这样引导孩子:

"下课后不要急着出去玩,合上课本先想一下上节课老师讲的主要内容吧。光合作用是什么来着?或者假设句中过去时态与过去完成时态有什么区别呢?"

"课间你可以静下心来,思考一下今天学到的主要数学公式是什么?这个过程很快的,不会占用很长时间。"

"在收起课本的时候，你可以回想一下刚才老师讲的现在完成时态的四种用法是什么？"

　　美国肯特州立大学心理学教授约翰·唐洛斯基是强烈推荐自测练习法的研究学者之一。他曾与多位教育学家和认知心理学家共同分析研究过十种人们最常用的学习方法及其效率性，最终得出了令人瞩目的"自测练习法是最有效的学习方法"的结论。[①]这种把刚学到的内容马上复习一遍的方式，不仅有助于理解知识，还有利于加深记忆。

　　那么，为何自测练习的学习方法最为有效呢？学者普遍认为此方法可以帮助我们从大脑提取记忆时进行主动思考。该过程被称为"记忆提取（retrieval）"。打个比方，记忆提取就像是我们过海关时，把包里的东西一个个取出来重新检查一遍。我们有时会因过于匆忙，忘记包里有钢笔、日记本、手机、零食、眼镜盒等物品。但当我们挨个取出来确认后，物品清单又会重新清晰地浮现在脑海中。同理，对于学生而言，他们通过自问自答的方式进行自我测试，从大脑中逐一提取出课上刚刚学到的概念、公式、语法规则等相关记忆，也能达到强化记忆、巩固知识的效果。

　　另外，上述研究结果表明其余九种学习方法的效率性都不尽如人意。学生最常用的反复阅读法会让他们养成"只背诵不回顾知识"的惰性习惯。要知道，我们进行记忆的过程中需要储存并提取知识，

---

　　① *Improving Students' Learning With Effective Learning Techniques: Promising Directions From Cognitive and Educational Psychology*

而单单阅读的过程不包含记忆提取环节，因此学习效果肯定不佳。

同样，划线法和荧光笔标记法等方法也被学者们证实效率不高。学生划线、标记等操作只不过在反复标记和阅读重点部分，这种汲取知识的过程极为被动。

或许是因为学生常常进入"知识的输入更重要"的误区，他们认为边读边听边写，把知识点装进大脑已经算完整过程，却总是忽略了知识有效及时的输出。为了提高孩子的理解能力和记忆效率，我们应该尽量多引导他们通过自问自答、反复自测的形式，练习输出学到的知识点。

然而，"知之非难，行之不易。"一开始孩子对自测感到有压力也是情有可原的。包括我在内的成年人也普遍排斥这种自测的形式，更何况孩子呢。因为梳理近几天学到的知识，我们需要消耗大量精力从大脑中提取信息，这是一个非常辛苦的过程。

父母不能强迫孩子做自测练习，但还是要在家有意识地引导孩子进行类似的自问自答，那么孩子会更容易掌握并习惯自测练习法。当孩子感受到自测练习法的好处后，也会更加欣然地接受这个学习方法。我们可以这样劝说：

"作业写完后，不要急于合上书本跑出去玩，再花10分钟时间自行测试一下，看看自己有没有掌握好新学到的知识点。例如，今天学到的最重要的数学公式是什么？三权分立的三权都指的是什么？这样做可以帮你把知识点牢牢记住。"

"现在有两种方法，第一种是读 2 遍课本；第二种是只读 1 遍课本，然后进行自测练习。你会选哪一种呢？我推荐你尝试一下第二种方法，因为机械式地重复阅读，不仅无趣，也不会给你留下深刻的印象。你如果能养成自测练习的好习惯，那么学习成绩肯定会逐渐提高的。"

最后，我给大家分享一种黄金复习方法，此方法来源于李允奎律师一段标题为"复习不再痛苦"的视频。李律师是 YouTube 上的知名讲师，曾经只用短短九个月时间备考司法考试，并一举通过（后文会再次引用他的事例）。他曾分析道：

"我们复习的次数不应少于 3 次。每学习完一章内容后，不要急于进入下一章的学习，应该拿出 10~15 分钟时间进行复习。这便是第 1 次复习，在这个过程中我们需要重新梳理归纳整章内容，并思考哪些是重要内容。第 2 次复习是在入睡之前，重新坐回书桌上，完整地复习一遍今天所学的内容。如果发现自己某个知识点不太清楚，那么必须返回到课本的具体内容，直到完全理解掌握后方能安心入睡，这一步需要毅力和耐心。第 3 次复习在第二天进行，在开始学习第二天的内容之前，我们不妨再拿出大约 10 分钟的时间复习前一天的内容。从长远的角度来说，这个系统的复习方法既能节省我们的复习时间，还能将复习效果最大化。"

李允奎律师后续又解释说:"学习完一章内容后,一定要花10~15分钟时间进行复习的原因是我们仅靠翻阅书籍并不能很好地掌握知识点,只有当学生在复习时把存储到大脑的信息全部提取出来,确认哪些内容是重要知识点、了解哪些内容自己还没有掌握好,进行知识自查后,学习过程才算完整。"

不难看出,李允奎律师的复习方法与我前文所提到的"自测练习法"乃一脉相通。如果孩子在日常学习中能将自测练习法运用自如,那么学习成绩必然会显著提高。

培养孩子主动思考的习惯

"接下来会发生什么呢？"

课上的孩子往往扮演"被动"的角色，他们不是听老师讲就是盯着课本看。我的一位教师朋友常为"如何激发学生的学习主动性"而烦恼。后来，我向她推荐了美国哈佛大学戴尔·温特教授在其著作中介绍的"预设法"，[1] 即老师向学生询问其设想。例如，老师可以引导学生基于已学知识而预测即将要学到的内容："以上是这个单元的内容，同学们预测一下，下一个单元我们要学什么内容呢？"在这一过程中，学生将由"被动"转为"主动"，开始主动积极地思考接下来可能会学什么。父母在家也可以扮演老师的角色，提出类似的问题。当孩子看书或看电视时，我们可以随口问一句：

---

[1] *Learning to Teach and Teaching to Learn Mathematics*

"读到这里，你觉得这本书的结局会如何呢？"

"母鸡走出院子后，会遇到什么事情呢？"

"我们来猜一下这部电影的结局吧。"

"你觉得犯人到底是谁呢？"

当孩子被父母引导站在作家的角度重新解读信息、预测未知的故事情节后，慢慢就会养成主动思考的习惯。这可以防止孩子单纯被动地接收外界信息。

我们夫妻俩从孩子小时候起就非常重视培养其阅读能力。因为抱有"多读书才会喜欢阅读和学习"的信念感，即便每日我们念得口干舌燥、困得睁不开眼睛，也坚持和孩子每晚共度"阅读时光"。

但那时，我们并未了解到"预设法"，因此没能在共读的过程中引导孩子进行主动的思考。我们很后悔没有在带领孩子阅读的时候多多提问：

"假设你是主人公，你会怎么做？"

"这个人为什么会做坏事呢？"

"为什么讨厌别人是不对的？"

这些问题回答起来其实并不容易。如果你问了孩子这些问题，他肯定会带着疑问，一边阅读一边积极思考的。

在引领孩子阅读的时候，未能及时提出值得思考的问题是我们一方面的不足。另一方面的不足是，当时我们鼓励孩子多读科学、历史主题等非小说类书籍，之所以那样做是因为我们自以为是地认为比起培养孩子的文学素养，大量获取各个领域的知识更为重要。

美国纽约社会研究新学院大卫·科默·基德研究员曾在学术杂志《科学》上发表过一篇很有名的论文。[①] 其研究结论表明，经常阅读纯文学虚构作品可以提高一个人的心智。经常阅读小说的人通常具有更强大的同理心，能够感知对方的感受，预测对方的反应，提出更具说服力的意见。这将对孩子未来的社会生活起到至关重要的作用。无论是将来成为经常和上司沟通的上班族，或是每天需要接待很多陌生顾客的服务业人员，都会因此受益匪浅。因此，希望大家能够认清这个事实，对于孩子来说，除了科学、经济等领域的非文学类书籍，小说等文学类书籍也同样必不可少。

最后，想提醒大家的是，阅读虽好，但父母千万不可急功近利。身为孩子父亲的我，曾在孩子的阅读问题上犯过严重错误。在孩子上小学六年级时，我推荐了一本《玫瑰的名字》让他阅读。跟《指环王》《哈利·波特》相比，这本书的内容晦涩难懂，即使大学生也大多一知半解。孩子虽然平时很爱读书，但是在读完这本书后，难以掩饰内心的失落，此后一度非常抵触我推荐的书籍了。

父母应该给孩子推荐阅读难度适中的书籍，因为只有这样才能培养孩子的主动思考能力，不会引起孩子对阅读的排斥。父母不如试着问问孩子："如果你是主人公的话，你会做什么呢？"若孩子可以轻松回答的话，说明这本书的难度是适中的。

---

① *Reading Literary Fiction Improves Theory of Mind*

多阅读小说等纯文学虚构作品可提高人的心智。经常读小说的人能更好地"将心比心"，提前预测对方的反应，表现出更强的共情能力。

提高孩子的工作记忆能力

"试着把这些数字记下来。"

大家知道什么是工作记忆（working memory）能力吗？这个专业术语是指一种在人执行认知任务过程中，暂时储存、加工必要信息的能力。比如，在听到一连串电话号码后，在拨打号码之前可以短暂记住号码的能力就是工作记忆能力。父母可以通过一些简单的游戏如心算来帮助孩子锻炼工作记忆能力。我们夫妻也曾给孩子报过心算班，试听课上老师出过一道心算题：15 加上 29，减去 7，再乘以 2，等于多少。听到这个指令后，学生在计算 15 加上 29 的同时，还要记住"减 7"和"再乘 2"这两个要求。不难看出，当孩子做一件事情时，如果大脑能记住的信息越多，工作记忆能力就越强。

另外，因为我们在做判断、思考新想法或制订新方案时也需要有一定的工作记忆能力。因此，工作记忆能力也被认为是决定智力高低的重要要素之一，即工作记忆能力越强，智力高的可能性越大。但是，工作记忆能力并不是决定智力或学习成绩的唯一因素。例如，如果孩子无法理解老师的授课内容，那么拥有再强的记忆力也无法吸收新知识。这时候，阅读练习就尤为重要了。当孩子通过大量阅读，具备了较强的语言能力，就能够把老师的话转化为自己理解的语言，那么再难的内容也能记下来。

那么，如何提高孩子的工作记忆能力呢？下面介绍一下我们夫妻常用的几种方法：

第一个方法是玩纸牌游戏。在游戏中获胜的前提是记住游戏规则，除此之外，想要赢得胜利，玩家还要记住自己手中的牌和其他人已经出示的牌。纸牌游戏可以让人在轻松愉悦的氛围中自然而然地锻炼工作记忆能力。

第二个方法是让孩子扮演老师，像老师给学生讲课一样，将新学到的内容、刚刚接触到的信息讲给父母听。通过这个过程，孩子可以学会整理并处理大脑记忆中的信息。需要注意的是，敷衍是很容易被孩子发现的，使用这个方法时，父母要用心听，也可以做笔记，给孩子带去真实感和满足感。父母可以尝试这样说：

> "妈妈很想学英语，但是妈妈小的时候没有条件学，你可以把今天学过的英语知识给妈妈讲一遍吗？太感谢你了，艺琳老师！"

第三个方法是冥想，即消除心中的杂念，把注意力集中在一个地方。据说，经常进行冥想训练，可以让人专注于即刻的所见所闻，有助于工作记忆能力的提升。虽然在日常生活中很难进行彻底排除干扰的冥想，但是父母可以建议孩子闭上眼睛，静下心来，试着驱除杂念，学会集中注意力。

第四个方法是美国神经科学专家推荐的数字游戏。美国德克萨斯农工大学威廉·克莱姆教授曾在某心理学网站上发表过一篇文章，[①]文中提到日本科学家以小学一年级学生为对象进行的一项实验。研究人员每隔一定时间就给孩子们听一些数字或单词。例如，每隔一秒让孩子们先后听到数字"5，8，4，7"，然后问他们"数字8是第几个出现的？""第三个数字是什么？"等等这样的问题。经过反复的训练，最后数字的数量增加到了八个，也就是说，孩子们能够记住多达八个数字。结果表明，小学一年级学生经过数字游戏训练后，智力均有所提高，且与没有接受训练的学生相比，智力普遍提高3%。我们可以尝试效仿以上实验，对孩子说：

"接下来记住我说的数字：4、2、9、0、7。刚才听到的数字当中，第二个数字是什么呢？第五个数字是什么呢？"

除了运用数字，还可以使用字母和单词，或者可以要求孩子说明一下刚刚看到的书本内容、电视节目或电影的具体情节等。

虽然经过这种训练后，父母无法查证孩子个体的智力变化，但还是非常值得尝试的。我们之前也经常跟孩子进行这个游戏，可以肯定的是，这个游戏不仅有一定的趣味性，还可以训练孩子的专注力。

---

① www.psychologytoday.com "Training Working Memory: Why and How"

另外，该研究还表示孩子的工作记忆能力越高，情绪越稳定。反过来讲，如果孩子感到不安和痛苦，工作记忆能力就会下降。因此，父母需要注意引导孩子放松心态，在这样的氛围中进行记忆训练才是有意义的。

点拨孩子领悟背诵的真谛

"反复记了次才会变成你自己的知识!"

死记硬背的过程像是把食物一件件塞进容量有限的冰箱。很多时候,许多学生面对繁杂的课业,只顾着死记硬背,并没有真正理解后去记忆,难免会对学习失去兴趣。背诵的确是一件颇有难度的事,自从我们的孩子升入小学高年级后,他总爱问我们,怎样才能提高背诵能力呢?

孩子能主动发现自己的问题,我们感到很欣慰,也不遗余力地查阅了很多书籍资料,但仍以失败告终。或许,想要通过背诵把所学的知识变成属于自己的东西,并不是那么容易吧。不过,我们夫妻俩在几番苦苦搜寻后,还是挖掘到了一些可以提高背诵效率的方法:

第一种方法是大家熟知的朗读记忆法。朗读记忆法,即大声朗读、边读边记。在亲身尝试大声朗读"背诵内容"的过程中,我发现自己的视觉和听觉会协同合作。这比起单纯调动视觉看文本时,效率更高。同理,如果我边写边记来背诵,那么是视觉和运动能力相结合，也会更加有效。

第二种方法是讲课记忆法，也就是让孩子将需要背诵的内容简单概括后亲自讲解复述给父母或伙伴听。这样做不仅能让孩子牢牢地记住所学内容，还能锻炼他总结信息的能力。父母可以提出建议：

> "你能把刚学到的内容概括一下给我讲讲吗？妈妈觉得很有趣。"

毋庸置疑，有效的背诵必定以理解为前提。像是建造房子需要打地基，如果孩子没有真正理解要背诵的内容，那么即使掌握五花八门的背诵技巧且将文章背诵得滚瓜烂熟也毫无意义。这也是我想介绍的第三种方法。

某日我发现了朴英珠律师在网上具体介绍了自己的独家背诵记忆法，并受益匪浅。朴英珠律师在司法考试备考期间，并非和大多数学生一般选择在第一遍看书时就开始背诵知识点，相反，在经过第一遍单纯看书理解内容后，他在第二遍看参考书时才开始背诵记忆，并一边解题一边找出易错题以及没有记好的部分，集中攻克。

第四种方法，"趁热打铁"式背诵，也是一种好方法。这是高中生崔宝熙在参加《学习达人》节目时分享的"遗忘之前再背诵一遍"的记忆方法。上初中的时候，崔宝熙成绩在班级中垫底，可是短短几年后，她却成了数学尖子生，并且在所有科目考试中均取得了高分成绩。她向观众分享了自己的两个学习秘诀：第一，一下课就找老师答疑，尽快解决不会做的题目，掌握所有知识点。第二，利用课间10

分钟复习上一节课所学内容。她表示，在遗忘之前，将刚学到的知识重复记忆，背诵效果会大幅提高。

其实，我们夫妻俩一致认为，在"背诵"这门学问里，心态比技巧更重要。如果我们坦然接受了"反复记忆是人类大脑的特点"这一事实，并放弃"看一眼就能背下来"的奢望，那么背诵本身给我们带来的压力和痛苦才会消失。因此，父母需要引导孩子摆正对待背诵的心态，并告诉他们：

> "没有人看一遍就能背得滚瓜烂熟，即使是美国哈佛大学的学生也做不到。如果记一次忘一次，那就再记一次。反复记忆和遗忘的过程，至少重复3次，记忆才会深刻牢固。"

"重复3次，记忆才会深刻牢固。"这只是经验之谈，虽然没有任何科学依据说明孩子背3遍即可，但试想一下如果将背诵次数增至5次，很容易让孩子望而却步。我们夫妻索性就和孩子说"重复3次"，虽然他难掩惊讶的表情，但是很快接受了不可能看一遍就能背下来的现实，便不再为多次记忆和反复遗忘而过分懊恼了。特别是有一天，我们问他："已经背诵过的内容总是会忘掉，你不觉得很烦吗？"孩子淡定地回答：

> "这是自然的，所有人都会有这种经历，所以不要紧。"

他的回答令我们倍感欣慰。不过，更多的时候背诵还是令人发愁的。背诵知识点乃至提高学习成绩的过程都需要孩子勤勤恳恳的态度和不懈的努力。正如脚踏实地的人不会做一步登天的梦，而是会付出日积月累的努力来实现目标。

学习就像一场漫长又隐忍的修炼。大部分人不可能看一遍背诵的内容就能倒背如流，也不可能在短短的几天时间逆袭登顶，更不可能平时怠慢学业却在日后金榜题名。我曾和孩子讲过毛竹的故事，毛竹虽然在最初几年几乎不会生长，但是过了三五年后就会厚积薄发，以惊人的速度拔节成长。这是因为，刚开始的几年，毛竹都在往下深深地扎根，积蓄力量。同理，只要孩子有足够的毅力，经过长年累月的努力，效果终将会慢慢显现。

帮助孩子找到最佳学习方法的
父母语言习惯

"现在回顾一下，今天上课都学到了什么？"

"现在完成时态的四种用法是什么？"

"自测练习法可以帮你把知识点牢牢记住。学习任务完成后，你可以自问自答测试一下今天都学到了什么内容。"

"假设你是主人公，你会怎么做？"

"看第一遍时重在理解，看第二遍的时候再开始背诵记忆。"

"不要拖延，有不懂的问题及时解决，在遗忘之前反复记忆。"

"如果不太容易背下来，那就像讲课一样，把刚学到的内容复述给我们听吧。"

"没有人看一遍就能背得滚瓜烂熟，如果记一次忘一次，那就再记一次。反复记忆和遗忘的过程，至少重复3次，记忆才会深刻牢固。"

语言习惯

9

开导孩子走出低谷

就像职业棒球选手连续几个赛季参加数十场比赛后，就会在某一个时间点容易陷入低谷一样，数年如一日埋头苦学的孩子难免也会遇到学习低谷期。即使孩子的学业一帆风顺，难免也会有一醒来突然发现自己萎靡不振、意志消沉的情况。父母要帮助孩子努力地走出低谷，绝不能让孩子在深深的谷底自暴自弃。

勉励自认为愚笨的孩子

"人的智力是会变化的!"

　　"妈妈，我想测试一下我的智力有多高。"有一天，我们的孩子突然"蹦"出这句话。询问得知，原来他们班的一些同学在相关机构接受过智力测试，个个都炫耀自己的智力极高，这让他羡慕不已。

　　由于我们担心测出来的结果令他失望，最终没有答应他的请求。不过，这一现象给我敲响了警钟，没想到现在的孩子已经从小学低年级就开始攀比智力了。

　　智力高的孩子会有优越感，而智力不高的孩子则会因自认愚笨而绝望。然而，由智力高低而产生的优越感或自卑意识，其背后隐藏的是"一个人的智力高低一生都不会变化"的刻板印象。不仅是孩子，就连作为父母的我们也有类似的消极想法，这不免会对孩子的学习造成负面影响。这并非是危言耸听，相关研究结果表明，内心认可"智力是可以变化的"学生会更加努力学习，学习成绩也会更高。

　　美国社会心理学家乔舒亚·阿伦森教授在 2001 年发表的论文

中指出了以下重要事实：^① 一部分大学生相信人的智力水平可变，最终他们的成绩都取得了一定的进步；而另一部分大学生则认为人的智力水平是一成不变的，他们的成绩一直原地踏步。

一言以蔽之，你若是相信智力可变则更容易取得进步，反之则易顿足不前。我们应该在孩子年幼时便告诉他这个道理，这样更有利于提升他的学业：

> "人的智力是可变的。"
>
> "以后你会变得更聪明。"
>
> "人们可以通过阅读、思考、学习来提高智力。"

懂得了这个道理，即使智力测试结果不尽如人意，孩子也会因为知道"智力是可以变化的"，从而抱着积极的心态认真学习。学习成绩逐渐提高的同时，孩子的智力水平也会随之上升。坚信自己会进步的孩子肯定会获得长远发展的。

在生活中，我也听见过一些不明智的父母会这样斥责孩子：

> "你本来就笨，所以要比别人多用功。"
>
> "女孩子本来就比男孩子数学成绩差。"

---

① *Reducing the effects of stereotype threat on African American college students by shaping theories of intelligence*

这些话都以"你的智商不高""智力不会改变"为前提，均会对孩子造成隐形伤害。

只有相信自己能够变聪明的人，才会真的变聪明。因此，当孩子陷入绝望的困境，说出"我一定比其他同学笨"等消极言论时，我们应该激励他们：

> "就像练肌肉一样，智力也是可以磨炼的。"

当孩子自暴自弃，说出"女孩子本来就学不好数学"等充满偏见的话时，我们可以鼓励她们：

> "不管对于男同学还是女同学来说，数学都是一门较难的学科，但只要你肯掌握方法认真学，数学能力肯定会提高的。"

此外，我们还可以讲述一些生动的事例让孩子产生共鸣。比如，我经常告诉孩子，天才的学习之路也并非一帆风顺，他们在艰难的时刻也需要付出相当大的努力。下面是我曾给孩子讲过的一个真实事例。

金雄龙教授年少时以"智商高达210"而被很多人知晓。他不满1岁就完全掌握了韩文；5岁之前可以说四种语言，甚至可以解数学微积分题。后来，他10岁去美国留学，长大后成为了美国国家航空航天局的研究员。但是，因为他年纪轻轻，无法忍受异国他乡之苦，最终选择了回国。即使回到韩国后，他也因为没有同龄人的考学经验，只能参加成人考试。万幸的是，最后他取得了韩国忠北大学的工学博士学位并成为了一名大学教授。

智商 210，这已经达到人类智力的最高值了。然而，我们需要告诉孩子，天才也同样需要经历努力付出的过程。金雄龙教授不仅忍受了青年时期的孤独和挫折，还经历了成人考试、就业等令一般人烦恼的事情。

我们需要帮助孩子清楚地认识到，人的智力是可以发展变化的，我们也根本没有必要羡慕天才。塞翁失马，焉知非福。高智商无法保证一个人的幸福，一个人拥有平均智商也不一定是坏事。父母不如从现在开始一点点增强孩子的自信，让他开始期待那个充满希望的未来。

勉励处于低谷的孩子

"想象一下实现梦想的那一刻吧！"

我的孩子曾做过"跌入深井"的噩梦。他醒来后向我哭诉，那口井很深很深，无论他怎么大声呼救，声音也传不到外面。井底周围一片漆黑，他抬头突然发现了头顶上圆形井口透进来的那束光。最后，他借着这束光踩着井壁上突出来的石头攀爬上去，逃出深井。孩子说，如果梦境里漆黑一片，连一束光都看不见的话，他肯定会瘫坐在井底放弃求生的。

学习征途上的低谷就如这梦中深井一般，令人心生畏惧。即使孩子的学业一直都顺风顺水，难免也会出现萎靡不振、意志消沉的情况。当陷入学习的低谷时，孩子无论如何都要学会逃脱，绝不能在深深的谷底自暴自弃，一定要拼命往上爬直至逃出低谷。

通过观察，我发现孩子们的学习低谷期有长有短。一些孩子只是暂时学习低迷，而另一些孩子则会在学习困境里苦苦挣扎长达几个月之久。那么，我们应该如何勉励孩子走出学习的低谷呢?

我认为，父母需要进行以下三个步骤：理解孩子的挫折感、鼓励孩子再接再厉继续前行、建议孩子对未来展开幸福的想象。在"理解、鼓励和想象"这三个要素中，我认为想象的力量至关重要。因为对幸福的想象将如井口的那束光，照亮处于低谷的孩子内心，给予他们希望。

首先，我们一起来看看应该如何理解孩子吧。大道至简，我们只需要做到"将心比心"即可。父母需要抛弃"孩子突然陷入低谷是因为缺乏努力或意志薄弱"的刻板印象，否则会直接导致我们无法真正理解孩子。大家不妨一边试着感受孩子内心的痛苦，一边安慰他们：

> "你学习那么刻苦，当然会感到疲惫了。"
>
> "原来你陷入低谷了，现在肯定身心疲惫吧？"
>
> "你一直这么努力，现在只是处于低谷期罢了。你是不是感到很累呀？"

此时，孩子会因父母"真情实意"的理解而感到欣慰和开心。待孩子的情绪得到安抚后，就是我们鼓励孩子勇往直前的好时机。

我曾借鉴过美国教育专家吉姆·泰勒博士在其著作中介绍的鼓励孩子走出学习低谷期的方法。[①] 请大家先根据以下两句话，想象孩子听到后的不同反应：

---

① *Positive Pushing: How to Raise a Successful and Happy Child*

1）"这段时间你辛苦了，如果想休息就休息吧。"

2）"这段时间你辛苦了，可是你可以做得更好。"

吉姆·泰勒博士解释说，人天生是有惰性的，当孩子听到第一句话后往往容易选择放弃。因此，他更建议父母使用第二句话。虽然第二句话听起来冷漠无情，剥夺了孩子休息的权利，但是当孩子陷入低谷时，我们不能让孩子原地踏步，应该引导他选择下一个目标。

吉姆·泰勒博士认为，父母的"良性压力"可以帮助孩子走向成功。尤其在孩子陷入低谷的时候，这种积极而正面的压力具有不可替代的作用：

"千万别放弃！你知道吗？爱迪生曾说过：'很多生活中的失败是因为人们没有认识到，当他们放弃努力时，距离成功是多么近。'他还说过：'成功的唯一方法就是再试一次。'你要不要再挑战一次呢？结果可能会完全不同。"

"据说，短道速滑选手在经历低谷后必定会创造出新的纪录。这样看来，陷入低谷也并非坏事，说明你很快就会有新的飞跃了。别放弃！加油！妈妈会一直在背后支持你。"

以上话语都能给孩子传递正向积极的能量。我们要多用"成功""飞跃"等积极性词语代替"失败""结束"等让孩子意志消沉的词语。

在理解与鼓励之后，我们还剩下最后一个环节，即建议孩子进行幸福的想象，让孩子想象一下未来的自己实现梦想后幸福的样子：

> "想象一下，你考上了理想的大学，交到了很多好朋友，和他们四处旅游的场景吧。"
>
> "具体的想象很有帮助。想象一下你在巴黎或者伦敦的街头自由自在散步的样子吧。"
>
> "虽然学习不是为了金钱，但是你可以试着想象一下你成功后赚了很多很多钱。那时你想买什么呢？轿车？飞机？送给父母的礼物？"
>
> "你能想象一下，如果这次期末考试你考得非常好，亲朋好友都赞不绝口的幸福场景吗？"

不要觉得这种行为很幼稚，精神的力量是我们难以想象的。2013 年韩国高考满分考生徐俊浩曾表示，他正是通过对未来幸福的想象渡过了学业上的难关。他在一段视频中说道：

> "每当我消极懈怠时都会想象自己梦想成真的样子。我想得非常具体，比如走进韩国延世大学正门的样子；我坐在校园草坪上喝饮料的样子；等等。对了，我还一直佩戴延世大学的校徽，就这样凭借着对韩国延世大学美好生活的憧憬，我才得以熬过艰辛的高三生活。"

《学习之神的一千个秘密》的作者姜成泰也曾表示，孩子畅想未来时最好在脑海里构建具体的场景画面。比如，他们设想自己西装革履，从纽约高级公寓出发前往曼哈顿公司上班的模样。我们还可以建议孩子进一步用文字的方式呈现自己憧憬的未来。

"想象幸福的未来"这件事似旭日东升，尤其是对于当下陷入低谷、意志消沉的孩子，温暖的光芒可以给他们带来排除万难的勇气。未来成功的样子浮上心头，就等于让处在深井中的孩子看到了一线生机，赋予孩子无限的动力。

培养孩子的坚毅品质

"成绩下滑之后才会快速提高。"

　　近十年来，我常在各大新闻媒体上看见通过国考的新入职的公务员的采访。在"千军万马过独木桥"的大环境中，他们崭露头角，金榜题名，成功抵达彼岸，着实令我们钦佩。纵观周围，虽不乏人才，但那些为了考上理想大学努力拼搏、坚持十几年寒窗苦读的孩子们，也同样令人热泪盈眶。

　　"学海无涯苦作舟。"一个学生能为了梦想坚持长达十几年的学习，往往需要具备坚毅的品质。"坚毅（grit）"的概念在成功学领域出现频率非常高。美国心理学家安吉拉·达克沃斯在 2013 年 TED 演讲中第一次提出了这个概念。[1]

　　安吉拉·达克沃斯教授曾在讲授数学科目时发现，决定孩子成绩的因素不限于智力因素。后来，她以心理学家的身份对美军士官学

---

[1]　www.ted.com Grit: The Power of Passion and Perseverance

206

校的学生和教师、参加词汇大赛的儿童、企业的职员等人进行了研究，最终得出"大部分人的成功取决于坚毅品质"这一结论，即只有当我们拥有长期的热情和毅力，才能"心之所向，素履以往"，最终实现心中的目标。因此，"坚毅"成为了"为实现长期目标保持热情和毅力"的代名词。当孩子为了实现某种目标而长期维持热情和毅力时，他即拥有了坚毅的品质。

那么，我们如何帮助孩子考查自己是否具有这一美好品质呢？2016 年，安吉拉·达克沃斯教授又在接受美国《时代周刊》杂志采访时给出了简单的解答。① 她说，坚毅的人同时具备以下三种特征：长期喜欢的事物、积极面对挫折的态度和能力、成长型心态。

首先，坚毅的人长期热衷于某种事物或某件事情，不会轻易对此失去兴趣或对其感到厌倦。比如，收集汽车模型、拥有很多财富、阅读很多的书籍等总能引起他们无限的热情。

其次，坚毅的人面对挫折会持有平常心和积极心。我们往往会因犯错误时产生的强烈的无措感而放弃目标。但常言道："失败乃成功之母。"安吉拉·达克沃斯教授也曾说过：

> "我们将通过不断试错变得成熟。犯错误、经历失败不仅是正常的现象，而且是我们人生必须经历的过程。"

最后，坚毅的人相信自己在不断成长。再次借用安吉拉·达克

---

① www.time.com 4 Signs You Have Grit

沃斯教授的话："人生来就是为了更好地成长，两年后的自己肯定与现在是不一样的。"拥有成长型心态是塑造坚毅品格的基础，具有成长型心态的人大多都是坚毅的人。

综上所述，坚毅的品格可以成为孩子奔向成功的动力。那么，我们应该如何帮助孩子培养坚毅的品格呢？在前面提到的坚毅的人具备的三种特征中，我们认为第二种最值得父母关注。因为孩子在成长的道路上会遇到很多挫折，我们应该着重帮助孩子塑造积极面对失败的心态，可以向孩子提出如下建议：

> "不经历失败，就无法成功。"
>
> "成绩下滑了才会有提升的空间啊。"
>
> "新学期开始了，你要提前做好心理准备，因为你会经常遇到挫折和失败，但是待你克服这些之后，你一定会变得更加优秀的。"
>
> "即使摔倒了也别害怕，拍拍身上的泥土，勇敢站起来，重新挑战就可以了呀。"

我们经常教育孩子，追逐梦想的过程从来就不是一帆风顺的，希望他能真正领悟出这个道理。因为只有这样，他在未来的日子里即使遇到了挫折和失败，也丝毫不会气馁，照样有力量拿出热情、鼓足干劲继续朝着心中的目标前进。

我们最后再来看看提出"坚毅"这一概念的安吉拉·达克沃斯教授的个人经历，以及她在接受美国媒体采访时道出的四条经典语坚毅的人认为挫折是必不可少的经历。即使遇到了挫折和失败，他们照样也会拿出热情、鼓足干劲，向着长期目标勇往直前。

录，^①相信肯定能让父母和孩子受益匪浅。

1）"缺乏天赋的人，该如何去实现伟大的梦想呢？"

得益于父亲常在全家吃饭时提出类似"你们觉得，莫扎特和贝多芬这两个天才谁更伟大？马蒂斯和毕加索呢？"等辩证问题，安吉拉·达克沃斯教授从小便开始思考"我不是天才，那么我该如何干出一番事业呢？"。经过反复思索，她很幸运地找到了答案，并通过不断的努力取得了如今的成就。

2）"我来证明给你看，你错了。"

当外界嘲讽安吉拉·达克沃斯教授"你做不到""你实力不够"时，她的斗志丝毫未被打压，反而这些冷言冷语激起了她的好胜心，点燃了她内心自信的火苗。安吉拉·达克沃斯教授一直以来都相信自己的力量，并不断地通过实际行动来证明对方的断言是错的。

3）"下次再挑战吧。"

这是安吉拉·达克沃斯教授常用的"批评语"。她表示，对孩

---

①   qz.com"You're no genius"：Her father's shutdowns made Angela Duckworth a world expert on grit

子来说称赞和批评是必需的，而问题在于批评通常是负面的。"你不行""你又错了"等否定性的批评语会严重打击孩子的自信心。相反，我们可以使用"下次再挑战吧"这句话来鼓励孩子继续尝试。虽然此话也隐藏了"这次你失败"的含义，但不会伤害到孩子的自尊心，也不会让孩子感到气馁。

4）"你这样做，会做得更好。"

这句话能帮助孩子一扫内心的苦闷，豁然开朗。尤其在经历失败之后，孩子可以从"我能做得更好，再试试其他方法吧"这句话中获得灵感和鼓励。当孩子意识到自己具备解决问题的能力并相信自己具有做好这件事情的潜力后，他们将慢慢积攒热情、磨炼毅力、拥有坚毅的品质。

果断反对孩子轻言放弃

"你自己判断是否要放弃。"

众所周知，阿尔伯特·爱因斯坦是人类历史上最伟大的科学家之一。但是，鲜有人了解小提琴对这位天才的重大意义。爱因斯坦穷其一生都钟爱小提琴演奏。他常会定期举办小型音乐会，邀请熟人前来欣赏自己的小提琴表演，这也成为他日常生活中必不可少的娱乐活动。就连他的物理学研究成果也离不开小提琴的功劳。每当开始进行研究工作之前，他都会以小提琴演奏进行头脑风暴。如果研究过程进展不顺，他同样会拿起小提琴演奏几首曲子，从而获得新的灵感。更令我惊讶的是，爱因斯坦的妻子爱尔莎正是因为亲眼目睹了他演奏小提琴的样子，才与他一见钟情、坠入爱河。

可见，爱因斯坦是多么热爱小提琴，难怪他的第二个梦想是成为音乐家。他常说：

"如果我没有成为物理学家，那么我肯定会成为一名音乐家。我经常沉浸在音乐之中进行思考、展开幻想……我人生中的大部分快乐源自我的小提琴。"

然而，爱因斯坦并非一开始就如此热爱小提琴。起初，年仅6岁的爱因斯坦特别讨厌小提琴，他曾因为不想学琴在课堂上大吼大叫，进行激烈的反抗。想必很多孩子都曾有过类似抵触兴趣班的叛逆行为。

面对孩子的叛逆，大部分父母会难压愤怒对孩子进行辱骂，或是顺着孩子的心情选择放弃。但是爱因斯坦的钢琴演奏家母亲玻琳却没有对他的行为加以训斥，更没有允许他放弃学小提琴，而是冷静地说服他不要放弃，并且赞美他拉琴的样子。玻琳通过平日的观察，她断定年幼的儿子在注意力方面存在缺陷，而音乐正好可以帮助他弥补这一缺陷。事实证明，这位母亲的高明想法很好地帮助爱因斯坦提高了注意力和创新力。或许，这也为他日后成功发现宇宙奥秘、成为著名物理学家奠定了基础。可以说，小提琴在爱因斯坦的成功之路上起到了举足轻重的作用。

以上故事是我通过翻阅美国哈佛大学罗纳德·弗格森教授的育儿著作所得知。[①] 罗纳德·弗格森教授在书中将爱因斯坦的母亲视为不允许孩子轻言放弃的代表人物。

他认为，父母育儿的重要任务之一是要学会和孩子沟通协商，引导他们不要半途而废。当然，有时倘若父母发现既定目标不切实

---

① *The Formula: Unlocking the Secrets to Raising Highly Successful Children*

际，说服孩子及时止损、快速放弃也是明智之举。但问题在于大部分孩子总爱过早放弃、频繁放弃，而习惯性放弃这一行为必将导致他们一事无成。

如此，虽然明智的放弃可以被容许，但更多时候我们必须提前预防孩子轻言放弃，阻止他们因为自身的惰性或怯懦而选择放弃。我将介绍以下两种方法供大家参考：一是父母要果断反对孩子放弃；二是等孩子到了一定年龄后尝试让孩子自己说出放弃的理由。

首先，我们应该像爱因斯坦的母亲那样绝不能退缩或示弱，坚定地向孩子明确提出"不能放弃"的要求，但切记语气不可强势。因此，我们要冷静淡定地向孩子说明不能放弃的理由，引导他们选择继续坚持：

"不要放弃，不是说好你会坚持到底的吗？"

"放弃的话，之前的努力不就白费了吗？"

"放弃很容易，但一点儿都不酷！"

"不要放弃，等你从中感受到乐趣，那时你一定会感谢现在这个没有轻易放弃的自己。"

"想多了都是问题，做多了都是答案。我们再坚持坚持好吗？"

父母需要通过坚定的言行反对孩子轻易放弃，特别是当孩子一开始就说好自己会坚持，并且这件事情确实比较重要时。无论是看英文报纸、阅读长篇小说，还是游泳、弹钢琴、搭积木等兴趣活动，孩子值得体验一下坚持到底完成某件事的过程。只有这样，他们才有机会收获自信和成就感。

其次，如果孩子不再是小学低年级的学生，那么父母最好抛弃上述"专制"行为，相信孩子的判断，多询问孩子的想法，了解他想要放弃的原因和难处：

> "这件事可以放弃吗？你自己判断一下。"
>
> "假如你放弃了，你会开心还是伤心？"
>
> "分数不高也没关系，只要不放弃你就是大赢家。你说是不是？"
>
> "你之前做得很好呀，为什么要放弃呢？"
>
> "姐姐说后面的内容很难，不意味着你也会觉得难呀。咱们要不要再坚持一下呢？不尝试的话，妈妈永远不会知道你会做得多棒。"

爱因斯坦曾表明自己成功的秘密在于勤于思考：

> "我的成功和智商无关，只是因为我经常把问题想得更久更深入而已。"

或许，成功的秘诀正如爱因斯坦所说：持之以恒，多加思考。我们不如顺势而为，和孩子约定好放弃的原则：只有当孩子有妥当的理由时才可以放弃。孩子选择坚持自认为有价值的目标并永不放弃，他的学习才会进步，人生才有可能一帆风顺。

最后，和大家分享一下我们与孩子斗智斗勇的故事。他在念初中时常常因为"当学生太累了，我怎么学也学不好，英语一看就不适合我"等常见的借口习惯性放弃学习。多次进行劝说无果后，我们最终在YouTube"学习密码"帐号中找到了应对该问题的答案。在题为"学习意志从何而来？"的一段视频中，讲师一针见血地指出：世界上大部分孩子并不是因为觉得有趣才认真学习的，成绩名列前茅的学生也并非一定乐意学习。既然学习是辛苦的，那孩子就必须学会忍耐。因此，我想我们有必要不评判孩子的想法，而是接纳孩子的感受，向孩子好好解释：

> "学习很累吧？但是学习本来就是一件"苦差事"。高考满分的考生也未必很喜欢学习，但他们还是坚持下来，最后取得了很好的成绩。你不能因为学习太累就轻易放弃。"
>
> "学习确实很辛苦，但是它会让你变强大。你再坚持坚持，如果放弃成为一种习惯，那就不好了。"

建议孩子将喜欢的明星作为榜样

"想象他们付出了多少努力。"

　　不知大家是否有过"追星"的经历呢？比如我家孩子曾因小学痴迷爱因斯坦而立志成为优秀的科学家，后来又因为想成为"拿破仑"而努力学习军事、历史。虽然自高中后孩子抛弃了原先想要效仿的楷模人物，因为他觉得不应复制他人的人生，但在孩子的成长过程中榜样的不断变化让我们夫妻俩明白，孩子即便不能成为天才，榜样的力量也是不可小觑的。

　　父母一辈的榜样一般是"曹操""鲁迅""甘地"这样的历史人物，而现在的年轻一代大多青睐偶像歌手等大众明星。其实我们不应该抵触这一现象，我们需要清楚的是，孩子喜欢明星，并愿意以他们为榜样进行情感上的寄托。因此，父母不妨以明星为媒介，赋予孩子学习的动机。首先，我们需要让孩子明白偶像明星为了事业而付出的努力：

> "从练习生起步到成功出道成为偶像歌手的概率仅有0.01%，也就是说，10000名选手当中能成功出道的人只有1名，而其余9999名注定要经受失败。想象一下，你喜欢的明星走到这一步，为了出现在电视屏幕上得付出多少努力。"
>
> "当他还是个练习生时，他只有15岁，小小年纪每天练习十五个小时，就这样坚持了三年多。"

当孩子领悟到偶像的成名之路绝不平坦，光鲜亮丽的背后是他们无限倾注的汗水与心血后，那么一定能从中获得学习的动力。

不仅如此，我常听见练习生为了舞台表演严格控制饮食的新闻。他们在自我控制能力这一方面或许比准备参加高考或就业考试的学生更强：

> "练习生的期限一般是五年，为了未来，他们都在努力过好今天。"
>
> "他们为了实现梦想，也放弃了很多东西。"
>
> "他们很帅不是吗？你也要变得很帅。为了梦想，应该全力以赴呀。"

但是很多孩子往往在听到这些"唠叨话"后，会启动自我保护机制，开始反驳说"我也为了梦想放弃了很多"或者"我不奢求成功"。此时，我们不必太担忧。我们可以用"我不是说你不如偶像歌手或练习生……"等话语先抚慰孩子的情绪，再借用一些与明星有关的话题抛砖引玉，引导孩子学习明星的闪光点。我们夫妻曾选择梅西作为例子：

> "足球选手梅西先天个子矮、身体弱，于是他小时候经常很苦恼。但是他通过后天的努力克服了自身弱点，成为了世界上最优秀的足球选手之一。他年少时专注于足球训练，每当朋友们邀请他一起出去玩时，他都会果断拒绝。我们倒不是要求你整天在家埋头学习，只是梅西为了梦想不断努力的态度值得我们学习。"

这番话的最终目的在于督促孩子"学习"，或许孩子已了解到父母的意图，但因为梅西的"偶像效应"，他最终并没有提出反驳。

大家不妨和我们一样，在生活中多多观察孩子喜欢哪个明星，收集与之相关的采访报道，了解他是如何克服困难取得事业上的成就的。当我们了解到明星身上的闪光点并告诉孩子后，便能轻松在日常交流中赋予孩子强烈的主观能动性。这类对话还可以帮助我们增进亲子间的理解与互动，可谓一箭双雕。

谈及此，2017 年韩国高考满分考生李英莱的经验之谈也颇为有趣，其采访曾一度成为热门社会话题。他说自己之所以能在高考中取得满分是因为从某位明星身上获得了坚持的动力。在压力巨大的高考复习时期，这位明星的演出视频帮助他消除压力、打起精神来。说不定我们的孩子也会有这样的"精神支柱"，可以在艰难的时刻支撑着他。

给予孩子克服困难的勇气

"学会拥抱失败!"

曾经有一次，我的孩子胸有成竹地跟我说他考试能得 100 分，但成绩出来后，他只得了 70 分。当时孩子深受打击、伤心欲绝。在一旁目睹一切的我内心也很不好受，因为觉得自己束手无策、帮不上什么忙，再一想到孩子将来还要经历更多的挫折，心里就沉甸甸的。

然而，漫漫人生路，每个人一生都会经历失败。我常和孩子说，挫折与失败构成了人生的一部分。如果一个人没有品尝过挫折的苦涩，那么可以说他的人生是不完整的。面对受挫的孩子，我们需要以身作则，自己先冷静下来，不要越想越难过，甚至和孩子一起抱头痛哭。我认为此时此刻父母最明智的做法是，默默地留给孩子更多的时间去消化失败。

当孩子进行自我消化后，父母应当及时给予安慰。这时，别忘记准备一些"失败祝福语"，告诉他们经历失败和挫折其实是一件好事：

（用轻快的语调说）

"我们来看看，这次考试都错了哪些，好吗？"

"别气馁，如果所有题目都做对了，怎么会有提升空间呢？"

"这里错了呀！祝贺你，又可以进步了。"

"对于强者来说，失败只是暂时的。恭喜你，又有机会进步了。"

"这个地方错了呀，恭喜你抓住一条'漏网之鱼'！"

孩子刚开始听到这些话，可能会一头雾水，不知所云。"为什么题做错了，爸爸妈妈还要祝贺我？"此时，我们可以耐心和孩子解释："因为经历失败才有机会成长啊，失败是值得祝贺的。"如果父母经常表达即使错了也没关系，这反而是值得庆祝的事情，因为只有经历失败的人才会成功，那么孩子肯定会觉得无比幸福、充满自信的。

借用《神奇校车》一书中，弗瑞丝老师经常对孩子说的一句话：

"尽情犯错吧，弄得一团糟吧！"

犯错真的没什么大不了的。老师和父母的"失败祝福语"可以帮助孩子建立成长型心态、增强信念感，让孩子坚信失败会给他们带来成长，进而帮助他们提升逆商，拥有一颗"强大的心脏"，不再纠结于一时的犯错，不会因为做错一两道题而耿耿于怀。

我们在劝解他人时经常会说"不要害怕……""不要在意……"，但是你有没有发现当你听到"不要害怕／在意……"的时候，就会不自觉地去害怕、去在意。同理，父母与其对孩子说"不要害怕失败"，倒不如鼓励他们"拥抱失败、祝贺失败"，因为这样的话语充满了希望的语气，会给孩子带来更加积极主动的感觉，让他们怀着向往成功的热情去主动面对失败。

有些孩子在上小学或初中低年级时学习成绩还算优秀，但是越往后学习成绩下滑越严重。出现这种现象的原因有很多，其中最常见的就是缺乏一定的阅读量。孩子会因缺乏阅读量导致理解力较弱，从而无法跟上高年级的学习内容。因此，从小培养孩子阅读习惯是非常重要的。然而比起这一点，他们更需要练就战胜失败的强大内心，拥有再次挑战的勇气。

就算是聪明伶俐、勤奋上进的孩子，上了中学后也难免会遇到挫折，尝到失败的滋味。孩子若想重振旗鼓就必须坚定信念，相信失败会成就更优秀的自己，相信自己有成功的能力。换句话说，我们需要帮助孩子懂得笑对失败。当孩子拿着试卷，进行下面这样的思考时，说明孩子的内心真的强大起来了：

"这道阅读理解题目也做错了，没想到错了这么多。但谁能万无一失呢？我反而应该庆幸这次失败了，因为成功往往在失败之后。我再好好看看这些错了的地方吧。"

我们要让孩子学会坦然接受失败。为此，父母需要努力让孩子早早懂得如何面对失败、反复学习的道理。如此，孩子自然能够获得克服难关的勇气：

> "人不是石头，不是一块从高处落下就会永远深陷进泥土的石头。人就像一颗具有弹力的皮球，即使失败了也会高高弹起。孩子，你也不是一颗小石头，而是弹性满满的皮球，一定会再次高高弹起的。"

帮助孩子走出低谷的
父母语言习惯

"你学习那么刻苦，当然会感到疲惫了。"

"这段时间你辛苦了，可是你可以做得更好。"

"别气馁。如果所有题目都做对了，那么怎么会有提升空间呢？"

"以后你会变得更聪明。"

"就像练肌肉一样，智力也可以磨炼。"

"想象一下，你考上了理想的大学，交到了很多好朋友，并且和他们四处旅游的场景吧。"

"不经历失败，就无法成功。"

"大部分经历过失败的人没有认识到，当他们放弃努力时，距离成功是多么近。因此，你也再挑战一次吧。"

"如果你现在处于低谷，那么你很快就会有新的飞跃了。祝贺你，加油！"

"你这样做，会做得更好。"

"分数不高也没关系，只要不放弃你就是大赢家。你说是不是呀？"

10

语言习惯

为面临考试的孩子指点迷津

假设考试迫在眉睫，孩子平时也没怎么下功夫学习，因为时间有限不得不临阵磨枪，此时，孩子应该把复习的重点放在主要考点内容上，主动出击区分重要内容和非重要内容。这个策略不仅适用于复习考试的中小学学生，同样也适用于参加司法考试、公务员考试的考生，让他们能够在有限的复习时间内达到最佳的复习效果。

让孩子学会临阵磨枪的学习法

"找出重要的核心知识点。"

如今，学校课程进度普遍较快，学生的学业任务繁重。庞大的学习量就像波涛汹涌的洪水一样，孩子一不小心就会被卷入漩涡之中。因此，孩子必须打起精神找出有效的学习方法。我们夫妻经常会问孩子下列问题：

"这本书中最重要的内容是什么呢？"

"你认为本单元相对来说不重要的内容是什么呢？"

"老师讲课时强调了什么呀？"

想必，很多父母平时也会向孩子提出这样的问题吧。我认为此类问题很有意义。盲目的学习会导致孩子效率低下，我们必须帮助孩子能够分清"非常重要、比较重要、不太重要"的知识点，学会在茫茫题海中从容不迫。

李允奎律师也曾提出过相同建议。李允奎律师在 26 岁那年复习了短短九个月就通过了司法考试。他认为，满分 100 分的考试中有 25 分是可以放弃的。但是有不少人会把目标定为满分，甚至把满分想成 200 分，盲目地把厚厚的书籍一字不落地背下来，这是效率极低的学习方法。他强调，无论是平时学习还是准备考试，学生都要区分好重要和非重要内容，选择把学习重点放在重要内容上。具体来说，学生可以通过分析近几年的考试真题，继而整理归纳出每年、隔一年、隔两年等出题的考点内容，然后将复习重点集中在出题频率较高的考点上。不难理解，如果孩子在短时间内一味投入等量的精力去复习所有书本内容，他们肯定会力不从心的。

　　另一名曾被韩国首尔大学等多所名校同时录取的学霸安素琳也支持这种学习策略。她在其"本人受益七年的事半功倍背诵法"视频中分享过一种临阵磨枪式的突击学习法，这个学习法的核心在于学会分辨每块学习内容的重要程度。

　　假设孩子平时吊儿郎当，此刻考试迫在眉睫。因为时间有限，他们最好主动出击，把复习的重点放在主要考点内容上。首先，孩子需要区分出题率分别为 100%、50%~80%、50% 以下的考点内容。这一点儿也不难，因为他们只需留心老师平时强调的部分即可。其次，孩子可以多翻阅学习笔记和参考书，牢记上面的详细标注，争取在有限时间内达到最佳的复习效果。

　　这个策略也同样适用于正在准备司法考试、公务员考试的考生，我们可以这样说：

"你想不想不用复习太长时间也能获得高分？你不妨这样做，平时上课时集中听讲，好好做笔记，把老师强调的重要内容都记下来。等到你复习的时候，按照笔记内容，按部就班地复习就可以了。只有分主次地进行复习，才能节省时间和精力，在考试中取得高分。"

美国斯坦福大学心理学博士帕特里夏·陈对此进行过具体的研究，并于2017年发表的论文中提到，[①]主动分析学习内容的重要程度，在复习前会花费15分钟时间思考"这次考试会考哪些内容呢？""怎么做才能取得更高的分数呢？"等问题的孩子，成绩普遍较高。根据这项研究，拿出额外时间进行考点分析、制订复习战略的孩子，考试分数将比其他人高出30%。反之，没有任何计划和战略、盲目学习的学生不可能取得与努力成正比的成绩。

有些孩子在盲目努力过后，依旧没有任何进步，就会慢慢不再信任自己了。他们可能会自暴自弃地想"我努力学习了很长时间，为什么分数还是这么低呢？"面对这样的孩子，父母也会于心不忍。如果你的孩子正因为这个原因感到沮丧失落，请这样建议他：

[①] *Strategic Resource Use for Learning: A Self-Administered Intervention That Guides Self-Reflection on Effective Resource Use Enhances Academic Performance*

"学习就像吃自助餐一样。在自助餐厅吃饭的时候，我们不可能吃遍所有的食物，要尽量选择营养价值高、价格比较贵的食物，这样才划算。学习也是如此，无论是男生，还是女生，要想取得好成绩，都需要付出一定的努力。然而，时间对于每个人来说都是一样有限的，我们不可能把所有内容都学得明明白白、彻彻底底。因此，你必须制订学习策略，分析每块学习内容的重要程度，集中攻克核心内容和出题率高的考点。"

　　"出题率高的考点属于书本上重要程度较高的核心内容。当你有选择性地把时间花费在这些内容上，才有可能取得最佳的成绩。"

帮助孩子考试发挥良好

"拿不了满分也不要紧。"

我们统称在完成某个工作过程中，暂时储存、加工必要信息的能力为工作记忆能力。如同电脑内存大小不同一样，每个人的工作记忆能力也不同。学习成绩优秀的学生工作记忆能力往往较强。

孩子在做数学题时，因为内容涉及到数字和公式的记忆，如果他们工作记忆能力较弱，心算速度和准确率也会较差。另外，有些孩子在审读数学题目时，读到后半部分，还会忘记前半部分的内容，因而在审题上占用过多不必要的时间，导致最后做题时间不足、数学成绩不理想。

对照第八章里提高工作记忆能力的训练方法，我将在本章进一步介绍父母如何帮助孩子在考前增强工作记忆能力。方法并不难，我们只需对孩子说：

> "学习本来就不简单。考试失利是常有的事情，所以别太紧张。"

也就是说，孩子可以通过缓解紧张焦虑情绪提高工作记忆能力。这并非我夸大其词，而是我从法国普瓦提埃大学弗雷德里克·奥廷研究员于2012年发表的一篇论文中发现的结论，[①]并且这个研究受到了各大媒体的关注。

研究团队进行了如下实验：他们把同样难度较高的试题分别交给两组学生去做。不同点在于，他们会对A组学生说："虽然试题很难，但是做错了也无妨，不要太担心。"对B组学生则什么都不说。结果显示，A组学生的工作记忆能力比B组学生强，且答题正确率也比B组学生高。研究人员认为，正是他们在考前说的那句话消除了A组学生内心的不安，从而提高了他们的工作记忆能力和答题正确率。

主导这个研究项目的弗雷德里克·奥廷博士强调，父母和老师都应该告诉孩子学习并不容易。只有接受这一事实，孩子对失败的恐惧感才会减少，工作记忆能力和考试成绩才会随之提高。我们可以这样安抚孩子的焦躁情绪：

> "考100分本来就不是轻而易举的事情，考不到100分也没关系。"
>
> "有谁会认为考试容易呢？大家都觉得很难。"
>
> "考试临近，每个学生都会紧张，不是只有你一个人紧张，所以别担心。"

---

① *Improving Working Memory Efficiency by Reframing Metacognitive Interpretation of Task Difficulty*

当然，这并不是我们在暗示孩子"你不需要考好"，而是间接引导他们"别太在意分数高低，放松心态，集中精力参加考试才是最重要的"。我们需要尽量引导孩子不要过分执着于结果，保持一颗平常心。

或许有些父母会持有不同意见，认为考试前应该对孩子说"你可以的""你一定能做到"等鼓舞人心的话来激励孩子。但我认为，在考试临近的特殊时期，孩子最需要的应该是保持从容的心态。虽然平时我们确实需要鼓励孩子全力以赴、努力认真，但在考试之前这种心理上的紧迫感会影响到孩子的考试状态。

2016 年韩国高考满分的考生李京勋在"如何培养从容感"这方面颇有经验。他曾在名为"高考取得满分、成功考入韩国首尔大学经济学院的学霸谈论学习紧迫感"的视频中提及学生可以通过平日的常规考试，培养不急不躁的良好考试心态。李京勋以自身为例分享说，每次进入考场后他都会尽量不让自己处于紧张状态之中，他会在心中默念："模拟考试考砸了不要紧，高考好好发挥就可以了。"这样的心理暗示帮助他在考试时减轻了不必要的紧张感，从而保持从容不迫的心态，发挥出了自己的最佳状态。而等到高考之前，虽然他和大多数学生一样惧怕高考落榜、害怕尝到失败的滋味，但是李京勋依旧默默劝解自己："安心发挥实力，即使失利也不要紧，还有下次机会，还有其他选择。"在这样"条条大路通罗马"式的反复提醒下，他早已养成从容不迫的考试心态。因此，在高考的考场上他也可以泰然自若、气定神闲，最终也如愿取得了非常好的成绩。

孩子的学习心态和提琴的琴弓一样需要父母去调整。当他们学习态度松懈懒散时，我们需要及时鞭策他们奋进学习。当孩子学习过于紧迫、感到慌乱不安时，我们则需要引导孩子稳定情绪、保持平和的心态。尤其是在考试期间，我们可以对孩子说：

> "考试本来就不容易，出现错误是难免的，千万不要执着于考满分。"
>
> "忘记成绩和名次吧，你已经做得很好了。即使这次考试没考好，在妈妈心里你也是最棒的。"
>
> "一个小考试而已，放松一点，即使出现了错误，我们认真去改正就好了呀。没什么大不了的！"
>
> "你不妨把考试想象成是闯关小游戏，它决定不了什么的，你只要体验过程就好，分数没那么重要。"

鼓励自我效能感低下的孩子

"别人能做到的你也可以做到！"

每当考试迫在眉睫，很多父母总能明显察觉到孩子的紧张不安，有时孩子甚至会向父母倾诉内心的焦虑——害怕考试考不好。像这样，孩子对自我实力缺乏信心的情况时，父母应该如何应对呢？

大部分父母可能会说："你一定能做到！要相信自己！"这种鼓励虽然是积极的，但是作用微乎其微，因为会让孩子盲目地相信自己的能力，无法建立真正的自信心。

不仅如此，这种缺乏可靠的依据的信任和鼓励，虽然可以暂时消除孩子内心的部分恐惧，但是从小学高年级起孩子就会领悟到，并非所有的事情都会如父母所愿、如自己所愿。

因此，父母的安慰语言不仅要能减轻孩子的不安情绪，还必须要有理有据。对此，爱尔兰的亲子教育专家约翰·谢里博士提出了建议，①即让孩子记起过去的成功经历。如果孩子在考试前紧张焦虑，担心"考试考不好"，那么我们可以和孩子进行如下一段对话：

孩子："妈妈，我担心这次考试我会考不好。"

妈妈："怎么会呢？上次你不是考得挺好吗？上次你是怎么考得那么好的？"

孩子："上次我考得好吗？"

妈妈："当然啦！上次考试之前，你同样担心考不好，可是结果还是得了80分。"

孩子："啊哈！是呀！"

这段对话看似简单，但是涉及到一个重要的概念——自我效能感。自我效能感是指个体对自己是否有能力完成某一行为所进行的推测与判断。专家解释说，自我效能感越强，孩子越有希望克服各种困难。当孩子想到过去成功的经验时，他们的自我效能感就会提升。如此，一个人如何才能确认自己是否具备实现目标的能力呢？最直接的当然是以过去的成功经验为依据做出判断。当父母对孩子说"你上次做得很好啊""你那次做得就很好呀"时，他们就能依赖经验，相信自己的能力。

培养孩子的自我效能感是父母的任务，我们平时需要注意观察孩子，细心留意孩子哪方面擅长、哪方面不擅长，存在什么样的问

---

① *The Irish Times 2017/5/27 Ask the expert: How can I help son with exam stress?*

题，这些问题后来又是如何克服的，等等。通过一系列数据的积累、分析和归纳，我们便可以建立一个针对孩子查漏补缺的专属数据库，并从中提取成功素材来鼓励孩子。

当我们捕捉到孩子临考前的焦虑情绪时，可以这样说：

> "你难道不记得了吗？你上次考试就考得非常棒！"
> "别担心，这次你也能考好！下次也是！"

还有一种可以帮助孩子提升自我效能感、减少焦虑情绪的方法，那就是将孩子和同龄人进行积极的比较。许多父母都习惯选择批评孩子："别人都能做到，你为什么做不到？"他们听后难免自责，但如果我们换一种方式安慰孩子："别人能做到，你肯定也能做到！"这便是一种积极的比较。

这个建议来自英国爱丁堡大学心理学博士丹尼斯·雷洛霍－豪威尔。[1] 他指出这样鼓励自认为能力不足的孩子，可以给予他勇气，暗示孩子和别人一样能干，鼓励孩子一定要有足够的信心。父母可以尝试这样说：

> "他坚持住了，你也可以的。"
> "他做到了，你也能做到的。"

---

[1]　psychlearningcurve.org Help Your Students Believe In Themselves: Self-Efficacy In the Classroom

但要注意的是，父母鼓励孩子去做的事情一定是孩子真的有能力做到的，如果超出了孩子的能力范围，那么即使是正向的鼓励也会让孩子感到反感。

此外，我们还可以引导孩子平时适当从观察者的角度，关注周围同学的学习状况。比如，孩子可以观察某个同学采用某种学习方法后取得了好成绩，也可以主动向同学提问，大家一起交流借鉴好的经验方法。同学的成功案例也可以转化为孩子提高自我效能感的动力。我们当时曾给孩子讲述过张承洙的事迹：

> "你知道畅销书《学习最简单》的作者吗？他是一位五十几岁的大叔，年轻时的他不懂得努力，成天游手好闲，无心学业，虚度宝贵的光阴。迫于生计，他高中毕业后就在工地上做苦力。直到有一天，他突然产生了上大学念书的想法，于是他一边做苦力一边认认真真地准备成人高考，五年后他终于考上了韩国首尔大学法学院。后来他不仅成为了畅销书作家，还通过了司法考试，当上了律师。翻开他的著作，我们可以在第1页看见这样的一句话：'只要是别人能做到的事情，我也能做到。'你也是！别人能做到的事情，你也可以做到。请相信自己好吗？"

当孩子想到过去成功的经验时，他们的自我效能感就会提升。自我效能感越强，他们越有可能克服各种困难，实现理想的目标。

"这道题为什么做错了呢？"

有没有可以让孩子逐渐提高成绩的方法呢？经过我们的调查，很多学霸都表示，记录"错题笔记"是成绩逐渐提高的秘诀。因为有了错题笔记，学生可以仔细查看错题，分析出错误的原因，找出自己的薄弱环节与不足之处，然后通过弥补和改善，就可以一点点提高了。

然而，记录错题笔记并不是一件简单的事情，不仅需要耐心，还需要投入一定的时间和精力，因此很多学生还没开始就选择了放弃。现实中，认真整理错题笔记并细心分析错题的孩子也是少之又少。

如何让孩子主动记录错题笔记呢？当然，强迫是万万不可的，我们不如从小引导孩子养成分析错题的好习惯。我们夫妻经常问孩子：

> "这道题你为什么做错了呢？原因是什么？如果你能答出来，就奖励你。"

孩子听完后自然会开始思考，主动找到错题原因，给出各种各样的答案："因为不清楚重要概念""因为审题有误""因为这部分没有复习""因为做题时间分配不当""虽然复习了，但是没有完全理解"；等等。

如果孩子给出了诚实的回答，那么我们必须奖励孩子。奖励的方式可以是物质的，也可以是精神的。如此练习后，孩子就有可能不会再犯同样的错误，下次考试分数提高的概率就会增加。

从长远的角度来看，"分析错题"还可以培养孩子客观评价自我的能力。因为，这一过程可以间接让孩子回顾自己的解题思路，了解到自己的个性倾向和各方面的综合能力。比如，自己答题状态是沉着冷静还是冲动莽撞，答题过程中专注力是否达到了最佳状态，读题分析能力是否偏弱，等等。

当积累了一定的错题经验后，孩子就会逐渐意识到"遇到这种题型，我总是出现这类错误"，发现自己的失误存在特定模式。一旦他们开启客观的视角审视自己，便可以踏上成长之路。

当然，分析答对的题目也同样有效。我们可以这样提问：

> "这道题很容易答错，可是你答对了，原因是什么？"
>
> "你都答对了哪些难题？可以帮妈妈解释一下你是怎么

答对的吗？"

"这道题这么难！你是怎么做到的？"

在回答"上课认真听讲了""老师强调过""在习题集上做过""在错题集上做过"等的过程中，孩子自然会发现自己的长处，明白哪些是平时最高效的学习方法、方法好在哪里、别的科目是否也能借鉴等。不仅如此，父母这样做也是在告诉孩子我们在意的并不是分数，而是他在努力的过程中产生的价值。

最重要的是，通过分析答对的题目，孩子可以感受到喜悦。正视错误是一件相当有压力的事情。相反，面对成功时孩子不仅心情愉悦，还可以增强自豪感。有关成功的美好记忆和满满的自豪感都能成为促进孩子学习能力发展的心理基础。假如说分析错题是严肃的自我反省，那么分析答对的题目就是幸福的自我表扬，两者均能起到有效提高分数的作用。

另外，我们需要提醒孩子特别注意错题中的低级失误。明明是孩子可以答对的题目，却因为心急而答错，丢掉不该丢的分数，实属可惜。人一般在慌慌张张、患得患失的时候，容易出现低级失误。所以，在有限的考试时间内，如果孩子一心想着多做几道题，苛求每道题目都要答对，那么出现低级失误的可能性就会增加。

姜成泰曾在自己的 YouTube 账号"学习之神姜成泰"上发布过一段题为"你一定会反复犯下同样的失误"的视频。他在视频中表示，学生在考试中所犯下的失误通常会反复出现，甚至可能影响高考成绩。

这种情况下，孩子屡屡失误的根本原因并不在于内心的焦躁，而在于性格或智力方面的个体特殊性。举个例子，我一开始记错了某人的姓名，如果不加注意的话，那么往后我就会习惯性地叫错他的名字；又或是我在玩电脑游戏时因为自身特定的失误模式而无法突破战绩。同理，孩子很有可能会因某种个体原因导致在同一类题上反复"摔跟头"。那么，我们应该如何帮助他们应对这个问题呢？

姜成泰建议大家整理出一本错题笔记，并在考前反复查看。只有孩子花时间回顾过去的失误、吸取教训，才有可能防止失误重复出现。我们可以对孩子说：

> "人总是会重复犯下同样的错误，为何不试试记录'错题笔记'呢？只有记录你犯下的错误、从中吸取教训，才能避免重复犯错。"

> "做自己会的题虽然会比较轻松快乐，却不能让你进步。当你研究自己的失误时，才会不断突破自己。我们不妨整理一个错题集，定期研究一下自己存在哪些问题吧。"

此外，一段题为"减少低级失误的方法"的视频中介绍到，应该督促考生在答题过程中时常审视自己是否处于心慌意乱的状态。若孩子总是急于求成，我们可以进行如下劝导：

> "在考场上一定要审视自己，观察自己是否处于心慌意乱的状态。一定要摆正心态，与其逞强好胜，在无法保

证正确率的情况下做完所有题目，倒不如利用充分的时间，争取把会的题目都答对。"

"考试的时候，每答完 5 道题，你都要留心一下自己的状态。如果你发现自己心急了，就试着深呼吸一下，让自己冷静下来，等冷静下来后再继续做题。只顾着急急忙忙往前赶路会容易摔倒，稍微停下来休息休息才能避免犯低级错误。"

概括来说，为了减少考试中的失误，孩子需要注意两个方面：首先，孩子需要摆正心态，切忌急于求成；其次，孩子需要认清自己的失误模式。如果父母能帮助孩子放松心态，并引导孩子对自己的失误模式进行反思，那么他们一定可以避免因不必要的失误而丢分。

妈妈的夸奖对孩子助力更大

"取得成果是因为你努力了呀！"

自我效能感是指个体对自己是否有能力完成某一行为所进行的推测与判断。如果一个人认为"我有能力完成某件事情"，那么说明他具有自我效能感。

理论上讲，孩子的自我效能感会受到父母、老师和朋友的影响。2017 年，香港理工大学应用社会科学教授元一林，以 99 名初中二年级学生为对象进行了一项研究。[①] 一开始，研究组让父母和老师给予孩子"你做得不好""这次考试你考砸了"等负面评价，然后对孩子所受到的心理冲击进行测试。结果显示，父母和老师带给孩子的挫败感程度大致相似。随后，研究组让父母和老师给予孩子"你一定能做得好"等正面评价，再对孩子受到的心理冲击进行测试。结果发现，

① *Effects of social persuasion from parents and teachers on Chinese students'self-efficacy: an exploratory study*

妈妈的话对孩子起到的正面效果最显著。虽然爸爸和老师的话也有一定的激励作用，但影响力远不及妈妈。

或许这是因为妈妈是孩子最重要的人。妈妈发自肺腑的表扬和支持能最大程度提高孩子的自信心，让孩子的内心充满爱与热情，有效提高孩子的自我效能感。因此，妈妈可以经常温和地鼓励孩子：

> "妈妈相信，因为你平时努力学习了，所以成绩一定会提高的。"
>
> "妈妈看到了你付出的努力，所以妈妈相信你会进步的。"
>
> "妈妈知道你非常认真地准备了，妈妈相信你能做到。即使没有进步，你在妈妈眼里也是最好的！妈妈爱你！"

在现实生活中，或许是因为受到"崇尚谦逊"的东方文化的影响，不少妈妈经常会说一些有损孩子自我效能感的话。例如，当孩子在考试中取得高分后，妈妈总会习惯性在孩子面前，用"满不在乎"的语气对其他父母说："我家孩子只不过是运气好。"言外之意是，孩子取得高分的原因不仅是因为实力，还有好运气。若是父母总是刻意忽略"事在人为"的努力，将孩子取得高分的原因都归咎于运气好，一定会伤害到孩子的自信心和自我效能感。因此，父母在他人面前，既要保持谦虚的态度，又要顾及孩子的心理。我们可以这样说：

> "我家孩子运气好，当然，他也确实努力了。"

当与孩子单独相处时，妈妈不必吝啬热情的语言表达，可以直接夸赞孩子付出了努力、夸赞孩子有实力：

"刚才妈妈没有实话实说，这次你取得这么好的成绩并不是因为运气好，而是因为你的实力强。这段时间你确实努力了呀！真棒！"

另外，称赞孩子并不是单纯评价"你真棒""了不起"。父母不仅要做到有理有据，具体准确地描述自己所看见的，还要做到发自真心地描述自己的感受。我们夫妻认为，添加"向孩子表达你让很多人感到快乐"的称赞语言，可以更有效地提升孩子的自我效能感。请大家比较下列两种称赞方式，或许可以更直观地感受到父母改进称赞孩子话术的必要性：

1）"你这次考试考得很好，你确实努力学习了。做得好！"
2）"你这次考试考得很好，你确实努力学习了。因为你，妈妈感到很幸福，爸爸也非常高兴，你是弟弟妹妹的好榜样。做得好！"

在日常生活中，我们夫妻俩会尽量选择后者来表扬孩子。我们想传递给孩子一个信息：他的努力和优良行为可以给家人带来快乐，也希望能让他意识到自己与家人是紧密联系在一起的。

出于上述原因，我们偶尔还会将未来的美好期待添加到对孩子的鼓励当中：

"这次考试考得不错，这样一来，你能考上好大学的概率就提高了，你未来更加成功、更加幸福的可能性也增大了。"

这句话貌似把学习成绩和人生幸福混为一谈了。但我们只想提醒孩子，现在与未来是紧密相连的，眼下踏踏实实努力耕耘，未来才能收获幸福与成功。

帮助孩子在考试中好好发挥的
父母语言习惯

"这本书中最重要的内容是什么？只要你弄清这一点，那么不用花费太多精力也能考出高分。"

"考试临近，每个学生都会紧张，不是只有你一个人紧张，所以别担心。"

"考100分本来就不是轻而易举的事情，考不到也没关系。"

"上次考试之前，你就担心自己考不好，可是结果考得不错。你还记得吗？"

"别担心，这次你也能考好！下次能考得更好！你会越来越进步。"

"忘记成绩和名次吧，你已经做得很好了。即使这次考试没考好，在妈妈心里你也是最棒的。"

"人总是会重复犯下同样的错误，为何不试试记录'错题笔记'呢？只有记录你犯下的错误，从中吸取教训，才能避免重复犯错。"

提高孩子抵制诱惑的能力

这个世界上有两种类型的人，"今天幸福的人"和"明天幸福的人"。这意味着一类人迫不及待地享受当下的安逸和快乐；另一类人则会选择延时满足，即在未来享受更大的幸福。假设一个孩子今天特别想跟朋友们一起玩，但是考虑到下周有考试，他就会收敛内心想玩的欲望，认真复习，那么他就是自控力强大的孩子。相反，无视下周的考试安排，今天非要跟朋友们玩得尽兴的孩子，就是自控力薄弱的孩子。

磨炼孩子的自控力

"将来你会更加幸福的！"

　　我常和孩子说，有自控力的孩子能够做自己人生的主人。哪怕独自在家，他也会因为有自控力，按时完成作业后再玩耍。

　　何为自控力？自控力是一种控制自身欲望或冲动的意志力量。自控力较强的孩子往往不会被眼前的利益所迷惑、冲动行事，他们会为了长远利益放弃即时满足，甘愿选择延时满足。

　　假设有两个孩子，一个自控力较强，另一个智商较高。两者各有千秋，你觉得谁的学习成绩会更优秀呢？答案是自控力较强的孩子。

　　安吉拉·达克沃斯等美国心理学家曾对一组学生的自控力和智商进行了调查，[①] 对学生的学习成绩进行了长达七个月的跟踪观测。结果显示，相比智商较高的学生，自控力较强的学生成绩更优秀，他

---

　　① *Self-Discipline Outdoes IQ in Predicting Academic Performance of Adolescents*

们上课的出勤率和作业完成度也相对较高。自控力对成绩产生的积极作用是智力的 2 倍。

因此，培养孩子的自控力是我们的责任所在。孩子拥有了能控制自我想法和行为的能力，他们才能取得较高的学业成就，拥有更幸福的一生。

那么，我们该如何培养孩子的自控力呢？很多父母会对孩子说：

"要想战胜别人，必须先战胜自己。"

相信大多数父母从小听这句话听得耳朵都磨出茧子了。虽然这句话很有道理，却有些枯燥，无法深入人心，而且很难让孩子理解其中的深意。与其用这种老生常谈的说辞，父母不如一语道破自控力的核心，即"延时满足"，并直接向孩子提出建议：

"你需要养成延时满足的习惯。"
"不要沉迷于及时行乐，试着把快乐推迟到明天。那么，你的快乐就会加倍。"

上述话语可以让孩子直观地理解自控力的含义，也更有说服力。当然，孩子该做的事情还是要按时完成，绝对不能推迟，只是暂时停止享受和满足令人快乐的事情罢了。这种拒绝及时行乐、选择延时满足的能力，就是自控力的核心。

这个世界上有两种类型的人，"今天幸福的人"和"明天幸福的人"。这意味着一类人迫不及待地享受当下的安逸和快乐；另一类人则会选择延时满足，即在未来享受更大的幸福。假设一个孩子今天特别想跟朋友们一起玩，但是考虑到下周就要考试了，他就会收敛内心想玩的欲望，认真复习，这就是自控力强大的孩子。相反，无视下周的考试安排，今天非要跟朋友们玩得尽兴的孩子，就是自控力薄弱的孩子。我们需要引导孩子做出正确的选择：

> "每个人的内心有两个小人儿。一个是马上就想得到满足的自己。他不管未来如何，只想沉迷于享受当下，今天玩耍，今天快乐。另一个是为了更好的未来辛苦度过今天的自己。他心怀美好，奋发图强，努力付出。两个小人儿经常在心里吵架，谁赢了，谁就决定了你的人生。"

> "你打算现在立即享受快乐，还是等到以后再享受快乐呢？如果你选择后者，你虽然会暂时失去快乐，但是你的意志力会增强，学习成绩也会慢慢提高。"

"严于律己，心甘情愿选择延时满足"并不是一般人能达到的境界，即使是在深山老林里修行数十年的僧人也很难做到。但是不管有多艰难，我们都要帮助孩子争取做到，因为这是孩子高分的秘诀所在。

在我家孩子年纪尚小时，我们便抓住机会训练他的自控力，引导孩子养成延时满足的习惯：

> "如果你无法支配自己，那么你将被外界所支配。"
>
> "谁可以控制自己，谁就是最强大的人。"
>
> "当一个人能够控制欲望、热情、恐惧等情绪时，他就可以成为自己命运的主人。"

我们也曾提出过更具体、更具有现实参考价值的建议：

> "今天再坚持坚持，认真复习一天，等到下周出成绩后，你一定会收获惊喜。你愿意坚持下去吗？"
>
> "认真度过这个暑假，做点有意义的事情，你可以考上理想大学的，到时候你会为自己感到自豪！我们一起为目标努力坚持下去吧。"

或许，孩子在目前的年龄段还无法完全接受延时满足的做法，但当父母引导孩子想象放弃及时行乐后未来更幸福的画面时，他便更有可能会努力过好当下。

需要坦白的是，我们也曾怀疑过"延时满足能确保幸福和快乐"的真实性。但即使重返十年前，我们夫妻俩依旧做不到让孩子"尽情享受眼前的快乐"。我们会一如既往地建议孩子"将快乐推迟到未来"，并告诉他"如果你今天努力了，将来一定会更加幸福"。因为在竞争激烈的现代社会，孩子不具备必要的能力是不行的。我们不得不引导孩子为了光明的未来，牺牲眼前的舒适安逸，奋发图强，努力学习，争取将来在残酷的竞争社会立足。

为了学业和前途，孩子不得不放弃学生时代里种种眼前的快乐，这确实令人怜惜。这让我想起电影《死亡诗社》里的那句名言——"活在当下。"真正的幸福在于享受现在，延时满足的习惯或许不会让我们立刻感受到当下的幸福，但培养自控力对于在学业阶段的孩子来说是非常重要的。

向孩子说明现在和未来的因果关系

"如果想成功就不要放弃！"

人生充满了诱惑，我们每天都会"不慎"掉入美味佳肴、娱乐观光、惬意休憩的人生"陷阱"中。美国《洛杉矶时报》2015年的一则报道提到，① 成人每天忍受各种诱惑的时间平均为三个小时。学生忍受诱惑的时间则更长。比如，面对高考的高三学生整天都在图书馆学习，几乎二十四小时处于与各种诱惑进行抗争的状态。想要引导孩子经得住诱惑，就必须改变孩子的思考方式。

我们可以给孩子讲讲有关棉花糖实验的故事，这项广为人知的实验早在20世纪60年代就开展了，其结果至今影响深远。

1960年末，美国心理学家沃尔特·米歇尔对一群5岁儿童进行了"忍耐力"实验。首先，沃尔特·米歇尔把棉花糖放在孩子们面前，等到他离开房间的时候，对孩子们说道："你们想吃棉花糖的话，

---

① latimes.com 2015/11/8"How to improve willpower? Feed it."

可以吃 1 块。但是如果你们能忍住 10 分钟之后再吃，每个人将再奖励 1 块棉花糖。"孩子们早在看到棉花糖时就馋得直流口水了，因此一部分孩子迫不及待地吃掉了 1 块棉花糖。不过另一部分孩子按照沃尔特·米歇尔的话足足忍耐了 10 分钟，最后吃到了 2 块棉花糖。研究人员经过数年后的追踪调查发现，当初立刻吃掉棉花糖的孩子未来大多身体肥胖、学习成绩较差；而忍耐 10 分钟后吃到 2 块棉花糖的孩子则大多肥胖率低、学习成绩优秀。可见，人只有经受住眼前的诱惑，未来才能得到更大的回报。

　　这个故事可以帮助孩子了解自控力对人的生活和学习所起到的作用，意识到自控力的重要性。此外，上述项目实验者沃尔特·米歇尔在接受澳大利亚媒体采访时，[①] 还提出了一个非常实用的方法，那就是采用"如果……，那么必须……"这种思维方式进行思考。作为父母，我们可以这样引导孩子：

　　　　"如果想攒钱，那么今天必须杜绝花销。"
　　　　"如果想考出好成绩，那么现在必须集中精力认真复习。"
　　　　"如果不想后悔，那么今天必须全力以赴。"
　　　　"如果一定要减肥，那么就不应该吃那些食物。"
　　　　"如果想要成功的人生，那么就不应该放弃梦想。"

---

　　① www.businessinsider.com.au 2014/10/22" How Self Control Leads To Success In Life, According To This Legendary Psychologist"

"如果……，那么必须……"这个思维方式底层的因果关系会让孩子意识到原来现在的行为和未来的结果是息息相关的。

"少壮不努力，老大徒伤悲。"自控力对孩子人生发展的影响不容小觑。如果他们荒废今日，那么明天就会后悔莫及，只有坚持追逐梦想，未来才可能梦想成真。如果父母反复提醒孩子"现在和未来之间存在不可分割"的因果事实，教导孩子以"如果……，那么必须……"的思维方式进行思考，那么他们就能克服当前的诱惑，获得专心学习的动力。

说服孩子远离智能手机

"智能手机是专注力的克星。"

现如今，几乎每个孩子都有一部智能手机。手机像是无尽的黑洞，渐渐地消磨孩子的毅力和专注力，实在是孩子学习道路上一大障碍物。为了避免孩子受其影响，父母一定要引导孩子学会管理自己使用手机的能力。

父母和孩子可以做一个约定，约定每天至少有几个小时要远离手机（如把手机放在孩子房间外）。一开始，我们与孩子就这个问题产生过分歧，经过多次说服和长期沟通，孩子最终还是接受并遵守了这个约定。

刚开始时，我们曾试图用智能手机的危害来"吓退"孩子：

"像你这样手机一刻都不离手，学习成绩肯定会下降的。"

这句话虽然不无道理，但是听起来抽象空泛，缺乏说服力，孩子自然无法欣然接受我们的建议，只能被迫遵守约定而非主动克制玩手机的念头。假如我们当时采用平和且有趣的方法有理有据地说服孩子，效果可能会更好：

"爸爸妈妈知道，无论是和朋友们联系也好，还是上网搜索信息、欣赏歌曲影片也好，你都需要智能手机。可是，你知道吗？智能手机会让人上瘾，一开始你只是需要它，渐渐地你会发现离不开它。就算把手机关机后放在一旁，它也会像散发着芳香的蛋糕一样分散你的注意力。如果你执意把手机放在书桌上，肯定会影响你学习的，所以学习的时候要把手机放在房间外面，可以吗？"

"远离手机"的说法并非口说无凭。美国芝加哥大学阿德里安·沃德等多名学者进行的研究表明，[①]只要智能手机出现在孩子的视野范围内，就会影响孩子的专注力，即便是手机处于关闭状态、屏幕朝下放在书桌上或口袋里。因此，最好的解决方法就是父母把手机放在孩子的房间外。如果我们能说服孩子认同手机的危害性，孩子自然会远离手机。

许多孩子曾有过蛀牙的经历。如果我们把手机比喻成甜蜜的、吃多了却对身体有害的糖果，同样可以让孩子提高对手机的警惕性，

[①] *"Brain Drain: The Mere Presence of One's Own Smartphone Reduces Available Cognitive Capacity"*

我们可以这样劝导孩子：

> "智能手机像是糖果，学习像是一日三餐。你觉得我们
> 可以一边吃饭一边吃糖果吗？当然不可以。糖果可以在正
> 餐过后的零食时间吃一点。同理，你学习的时候必须远离
> 手机，等到休息的时候再玩。"

相比写信联络的纸媒时代，现在孩子往往通过手机来进行社交，这是新时代的社交方式。我们虽然无法全面禁止孩子使用社交网络，但是可以在家制订相关规则，比如限制孩子的上网时间等。

另外，我们还要提醒孩子学会在社交平台上保护自己，比如尽量避开有可能造成心理压力的内容，不在令人不快或容易产生争议的帖子下面留言等。如果我们忽视这两点，孩子的时间和精力很容易被消耗殆尽，这不仅会影响孩子稳定的情绪，进而还会影响孩子的学习成绩。想要提高孩子对互联网信息的警惕性，用批判性思维判断眼花缭乱的网络信息，我们可以这样对孩子说：

> "你或许很讨厌蟑螂吧。蟑螂人人避之不及，网络上也
> 有很多蟑螂一样的内容。面对这样的帖子和评论，我们要
> 避而远之。因为我们的时间很宝贵，要花费在对我们有益、
> 充满正能量的内容上。"

在阅读《与众不同才会名列第一》这本书时，我注意到书中被采访的30名历届高考满分者都曾强烈表示，手机是学习的最大敌人。这30名高考满分者当中，无智能手机或者使用2G手机的人占比高达53%。其中，有一位韩国首尔大学的毕业生在高中时期非常自律，但是上大学后开始沉迷网络，等到他准备公务员考试的时候，才发现自己总会习惯性地拿起手机看一眼，早已无法集中精力专心学习，这才意识到手机的危害有多大。即使是高考满分的学习天才面对手机也束手无策。可见，手机在某种程度上的确是"可怕的怪物"。

　　父母在劝解孩子克制使用手机或者平板电脑时，可以借助这类真实案例，这样更容易让孩子信服。只要孩子认清手机的危害性，那么有关手机的亲子矛盾就可以迎刃而解了。

鼓励孩子敢于与众不同

"与众不同，才能出类拔萃！"

我家孩子上初中的时候，有一次和同学发生了小争执，最后被那个同学打了一拳。那天碰巧是期中考试的日子，孩子虽然火冒三丈，但眼看考试马上就要开始了，就忍住了心中的愤怒，没有和那个同学继续争吵。我们非常清楚，孩子的脾气不算特别好，但是那天他竟然没有把事情闹大，这让我们感到非常意外。我们问他当时为什么没有生气，孩子将小学时候的一次亲身经历娓娓道来："那天也有一场考试，考试之前我和同学大吵一架，结果考试的时候，我因为太生气了，根本无法集中注意力，考得一塌糊涂，分数也特别低。这次我不想重蹈覆辙，所以就忍住没有生气。"

姑且不论事情的来龙去脉，得知孩子被别人打了，我们作为父母心里当然很不痛快，但是也为孩子表现出来的自控力感到大为惊叹。即使对于成年人来说，在关键时刻控制住内心的愤怒，通过理性思考，权衡得失，做出对自己最有利的选择也是很难做到的一件事。于是，我们表扬了孩子："做得好！在那种情况下，选择忍耐是正确的。"

然而了解完事情的来龙去脉，特别是当我得知在场的几名同学盘问他"你为什么要忍？"时，我又开始担心孩子是不是在学校人际交往方面有苦楚。

孩子的一名好友极不认同他的做法，疑惑不解地问："你被打了还忍气吞声？换作是我，肯定会还手。"说到这里，孩子产生了疑惑，连他自己也无法判断"没有还手"是正确的做法还是懦弱的表现。我思索片刻之后，对孩子解释道：

> "你是独立的个体，再好的朋友也不可能和你的想法完全一致，你没有必要和别人想得一模一样，按照你自己的想法做就好了。你没有还手，而是选择了大事化小、小事化了，没有影响到后续的考试发挥，你做得非常好。"

在我们的支持和肯定下，孩子总算松了一口气。每个人的价值观不同做出不同的选择只是因为内心需求不同罢了。我希望孩子能明白"做自己"既是权利也是义务，于是补充道：

> "别人说你懦弱与你无关，只要你内心坦荡、问心无愧就好了。"
>
> "不用考虑朋友怎么想，按照自己的想法去做就可以了。"

对于大部分时间都在进行集体生活的孩子来说，显得"与众不同"确实会给孩子带来烦恼。如果某人在自己所属的群体中，因外表相貌、穿着打扮、言行举止等显得过于惹眼，很可能会被其他成员所排斥。

让人哭笑不得的是，除了衣着和言行以外，有时学习努力、成绩优秀也会成为被排挤的原因。例如，我们的孩子经常想在课间继续学习，但是他不敢这么做，因为大部分同学都在闲聊玩耍。当他被朋友们邀请出去玩时，他即使不愿意也不敢拒绝，因为会担心如果拒绝就有可能被冷落，不能和朋友们好好相处下去了。就连他上课积极举手发言、有疑问主动问老师，有时都会被同学们戏谑几句。

在这种无形的压力下，许多孩子无可奈何地会选择"随波逐流"，主动避免成为他人眼中"名列前茅"的优秀生。毕竟坚定"努力学习"的决心本身就要消耗大量精力，如果还要消耗额外的精力应对同学们的另眼相待，实在是让人心力交瘁。考虑到这个问题后，我们对孩子说：

> "想要学习好，就要与众不同。"
>
> "如果同学们在玩时，你也跟着他们玩，那么你的成绩不可能提高。"
>
> "如果班级里的学习氛围不好，那希望你能成为改变这种情况的第一人，不要在乎别人的眼光，坚持做自己！你的努力并不可耻。"

虽然这些话可能会导致孩子把同学视作竞争对手或干扰者，但是我们有义务让孩子明白"努力学习并不可耻""与众不同才能成功"的道理。只有当孩子无视他人的眼光，投入比别人更多的时间和精力专心学习，把学业放在第一位，他才能提高成绩。

除了"学习进步"这一实质性好处外，"接受并肯定与众不同的自己"的想法还能磨炼孩子的自控力。因为，自我肯定是自控力的基础。接受并肯定自己的孩子会坚持自己的想法或原则，不会轻易被外界分散注意力。而受到外界刺激容易摇摆不定的孩子容易失去自我，常常陷入自我怀疑的状态。从长远角度看，未来的幸福人生亦需要这种勇气。敢于做与众不同的自己，肯定与众不同的自己，才能经营好专属于自己的幸福生活。

自我肯定是培养自控力的基础。坚持自我想法或原则的孩子才不会被外界轻易动摇自己的内心。

消除孩子对努力学习的恐惧心理

"就坚持一个月看看。"

孩子为什么不努力学习呢？有时看着处于消极状态的孩子，我试图帮他分析出原因。或许是因为孩子懒惰、没有迫切的梦想？又或者是孩子对自己的人生没有责任感？但想必其他父母和我一样忽略了真正的问题，那就是他们缺乏全力以赴、拼命学习的勇气。

我们大多时候会因内心的恐惧感，没有勇气去尝试新的挑战，故而迟迟不敢着手开始一项新的工作。同理，对孩子来说，学习是一项艰难的任务，它会给孩子带来难以承受的痛苦。比如，一道数学题长时间解不出来，孩子就很容易因为绝望而放弃继续思考。再比如，虽然平时下功夫学习了，成绩却总是在低处徘徊，长此以往孩子就不愿意投入更多的精力努力学习了。

对学习的恐惧会变成一堵围墙，很多孩子会开始逃避学习，让自己与学习完全隔离，蜷缩在围墙内才会让他们感到安全。

既然孩子没有勇气去努力学习，那么父母只需要无条件赋予孩子勇气就可以了。父母的语言很关键，"你能做到"这样的鼓励并不新鲜，对孩子可能也不太奏效，倒不如对孩子这样说：

> "努力学习又不是赔本生意，你还是试一试吧。"
> "你很强大，你有能力好好学习。"
> "别担心，努力学习不会要了你的命。"
> "如果你学着学着真的学不下去了，到时候可以放弃。"
> "拼搏一下，就坚持一个月，一个月后咱们再考虑要不要放弃。"

我们认为，上述话语可以激发出孩子的勇气和挑战的欲望。要注意的是，需要提出一个时间限制，比如，我们向孩子提议先尝试学习一个月。过了一个月后，我们可以让孩子随心所欲，也可以和孩子商量乘胜追击：

> "学习可一点也不轻松，但是你竟然坚持了一个月，真是不可思议，你太有勇气了。想不想再学一个月呢？你在灯光下奋笔疾书的样子真的很有魅力。妈妈还想看到闪闪发光的你！"

如果孩子觉得坚持一个月有些吃力，那么可以设定 1 周的期限。我们可以这样说：

> "你已经坚持学习了一个星期，真是太棒了。你还能继续吗？"

> "努力学习也没有想象中那么难，是不是？不会流鼻血，也不会晕倒。原来你很强大，可以再坚持坚持。"

课余时间通过和其他父母的交流，我们了解到，并非只有学习落后的孩子害怕努力学习，学习成绩中上游的孩子同样也会畏惧。他们没有信心让学习成绩有质的飞跃，因为这通常需要付出非常多的努力，这个过程也令人感到痛苦和煎熬。这种对学习的恐惧感让孩子变得很被动，他们会不思进取，学习强度也相继"原地踏步"。这时，我们可以为孩子加油打气，让孩子再挑战突破一下：

> "美国总统西奥多·罗斯福曾说：'每一次我们面对恐惧的时候，我们都获得了力量、勇气和自信！'其实，任何人都无法摆脱恐惧，恐惧会像魔鬼一样对你纠缠不休。既然我们无法在生活中除掉它，倒不如直面它，大胆地去做那件让自己心生畏惧的事情。"

博主"爱学习的医生 Toripa"曾分享过自己考取医学研究生的经验，其中有关"如何学习英语"的细节给我们夫妻俩留下了深刻的印象。整整两个月，Toripa 从清晨 6 点到晚上 11 点只学习英语，如此高强度的学习给他造成了很大的压力，以至于吃饭的时候经常呕吐。

即便如此，他还是坚持了下来，并在托福考试中取得了满意的成绩。

我们认为，比起优异的成绩，他的信念和毅力更为宝贵，他通过两个月的学习取得的成就感和自信更有价值。那么，他相信"努力就一定有收获"的信念是从何而来的呢？我认为，或许是每一次拼命学习的亲身经历让他变得坚强自信，每一次通过坚持获得的"小成功"都是未来勇于挑战困难的信心。长此以往，再"可怕"的学习任务他都能够轻松应对。

成功的经验和喜悦可以帮助孩子提高自我效能感。我们应该耐心说服孩子去尝试努力学习，取得一定的成就感。一个月也好，一个星期也罢，当孩子拥有敢于挑战的勇气后，他们便不会再畏惧以后的学习了。

培养孩子自控力的
父母语言习惯

"不要沉迷于及时行乐，试着把快乐推迟到明天，那么，快乐就会加倍。"

"你打算现在立即享受快乐，还是等到以后再享受快乐呢？"

"如果你无法支配自己，那么你只能被外界所支配。"

"谁可以控制自己，谁就是最强大的人。"

"自控力是人生中最重要的能力之一。今天若能抵制诱惑，明天会有更多收获。"

"想要学习好，就要与众不同。"

"不用考虑朋友怎么想，按照自己的想法去做就可以了。"

"同学们在玩时，你也跟着他们玩，那么你的成绩不可能提高。"

"手机好比是糖果，学习好比是一日三餐。我们可以一边吃饭一边吃糖果吗？当然不可以。学习的时候必须远离手机，等到休息的时候再玩。"